발달장애로 오해받는 아이들

소아과 의사가 알려주는

느린 학습자 뇌 성장 육아법

발달장애로
오해받는
아이들

나리타 나오코 지음

박재국 · 김진희 옮김

시그마북스
Sigma Books

발달장애로
오해받는 아이들

발행일 2024년 7월 8일 초판 1쇄 발행
지은이 나리타 나오코
옮긴이 박재국, 김진희
발행인 강학경
발행처 시그마북스
마케팅 정제용
에디터 최연정, 최윤정, 양수진
디자인 김문배, 강경희, 정민애

등록번호 제10-965호
주소 서울특별시 영등포구 양평로 22길 21 선유도코오롱디지털타워 A402호
전자우편 sigmabooks@spress.co.kr
홈페이지 http://www.sigmabooks.co.kr
전화 (02) 2062-5288~9
팩시밀리 (02) 323-4197
ISBN 979-11-6862-264-7 (03370)

들어가는 글

아이의 발달장애를
의심하기 전에 알아둘 것

이 책을 손에 들었다고 하는 것은 자신의 아이나 가까운 아이를 걱정하고 있기 때문이라고 생각합니다.

그룹 활동이 어려운, 친구와의 의사소통이 잘 되지 않는, 집중력이 없는, 실수나 분실물이 많은, 상대방의 이야기를 듣고 있지 않는 듯한, 아이의 그런 행동이 눈에 띌 때, "우리 아이, 혹시 발달장애일지도…?"라고 생각한 적이 있는 분도 계시지 않을까요?

혹은 학교나 유치원·어린이집 선생님으로부터 "아이가 발달장애일지도 모릅니다"라고 전달받아 의료기관의 진찰을 추천받은 분도 있을지도 모릅니다.

그러나 필자의 약 35년에 걸친 연구 및 임상 경험을 바탕으로, 진짜 발달장애로 진단된 자녀는 그리 많지 않습니다.

어쩌면 학교나 유치원 등에서 고민을 안고 있는 자녀 대부분은 "발달장애가 아니라, 유사발달장애일지도 모른다"라는 것이 제가 내린 결론입니다.

'유사발달장애'란 도대체 무엇인가, 그리고 잘못 판정되는 발달장애로부터 벗어날 구체적인 방법을 설명하는 것이 이 책입니다.

최근 발달장애라고 불리는 아이가 획기적으로 증가하고 있는 것을 아십니까?

일본 문부과학성(우리나라의 교육부에 해당한다-옮긴이)의 한 조사에 따르면, 2006년 기준으로 발달장애아 수는 전국에서 7,000명 남짓이었습니다. 그러나 그 이후 2020년에는 발달장애아 수가 9만 명을 넘었습니다. 숫자만 보면 14년 만에 발달장애아 수가 약 14배로 늘어났습니다.

저출산으로 아이의 수가 계속 줄어들고 있는 가운데, 발달장애아 수는 반비례하여 계속 증가하고 있습니다. 다만 오랜 세월 다양한 임상 현장을 경험해온 저자 입장에서 볼 때, 이 아이들 전부가 발달장애아라고 생각되지 않습니다. 이 안에는 적지 않은 수의 '유사발달장애' 아이가 있다고 확신하고 있습니다.

유사발달장애란 한마디로 말하면 '발달장애로 진단이 되지 않는데, 발달장애와 구분할 수 없는 증후를 나타내고 있는 상태'를 말합니다. 자세한 것은 이 책에서 정의해나가겠지만, 언어와 행동에 발달장애와 같은 증후가 있는 것처럼 보이고, 주위로부터 발달장애로 의심되고 있지만, 실제로는 발달장애는 아닌 사례를 가리킵니다. 덧붙여서 말하자면 '유사발달장애'는 제가 아이들과 마주하면서 만든 신조어이지 의학적 진단명은 아닙니다. 전부터 이런 아이들은 있었지만, 최근에는 특히 이런 '유사발달장애로 밖에 말할 수 없는 아이들'이 늘어나고 있는 것 같습니다.

저는 지금까지 소아과 의사로서 발달장애를 비롯하여 아

동의 뇌 발달로 인한 문제에 맞서왔습니다. 또한 아동의 발달에 대해 연구하는 과학자이기도 합니다. 오랜 세월 이런 활동을 하는 가운데 연구와 임상만으로는 근본적으로 문제를 해결할 수 없다고 생각했습니다. 그래서 '육아과학 엑시스(子育て科学アクシス, 이 책의 저자 나리타 나오코가 만든 교육 단체이다-옮긴이)'를 만들어, 의료·교육·복지 전문가가 기존의 울타리를 넘어서 팀에서 아이의 문제를 마주할 수 있는 기회를 만들고 있습니다.

동시에 발달장애인지원센터와 아동상담소에서의 촉탁의사, 정신심리질환 외래의사를 담당하고, 대학에서 특별지원교육에 열의가 있는 학생의 지도도 하고 있습니다. 일하면서 딸을 키운 경험을 포함해, '아이의 발달·육아'에 인생의 많은 시간을 쏟아 왔다고 해도 과언이 아닙니다.

이렇게 다방면에서 아이의 성장과 마주하는 가운데, 가장 신경 쓰이는 것이 '발달장애'라는 말이 혼자 멋대로 돌아다니는 것처럼 느끼는 현상이었습니다. 그리고 그 말에 휘둘리는 부모님이나 교육 관계자들이 많다는 것입니다.

오해가 없도록 전하고 싶습니다만, 아이를 생각하는 부모님이나 선생님의 마음을 부정할 생각은 전혀 없습니다. 언행이 신경이 쓰이는 아이에 대해 '발달장애가 아닌가'라고 조기에 판단하고, 아이의 장래를 걱정해 어떠한 방안을 생각하는 것은 매우 중요합니다.

그렇지만 오랜 임상 경험에서 말씀드리자면, 그 전에 해야할 일과 확인해야 하는 것이 있는 것도 사실입니다.

발달장애를 의심하기 전에 해야 할 일을 모르거나 그것을 간과하면, 나중에 아이가 떠안게 되는 문제가 커질 수도 있습니다.

유사발달장애라는 말은 아이의 언행에 고민하고 있는 부모님 입장에서 보면 조금 차갑게 여겨질지도 모르겠습니다. 하지만 이 개념은 아이의 발달장애를 생각하는 데 있어서 빠뜨릴 수 없는 것입니다.

아이의 일로 고민하고 있는 분에게 도움이 되고 싶기 때문에, 아이를 생각하는 선택사항 중 하나에 '유사발달장애'를 추가해주셨으면 좋겠습니다. 이 개념을 알고 거기에서 벗어나는 방법을 시도해보면, 부모님이 아이와 마주하는 것이 편해지고, 무엇보다 '힘들어하는 아이 자신'의 고민과 고통을 줄일 수 있습니다. 바로 그런 생각으로 이 책을 정리했습니다.

이 책에서 제안하는 '유사발달장애에서 벗어나는 방법'은 필자가 지금까지 많은 아이들을 진찰하는 가운데 개발한, '아이의 뇌를 발달시키는 기본적인 방법'입니다. 제가 진료한 아이들 중에는 이 책에서 다루는 방법으로 '발달장애와 같은 증후'가 사라진 아이가 많습니다. '우리 아이는 발달장애가 아닌가'라고 생각하는 부모님께서는 꼭 이 방법을 시도해주셨으면 합니다.

또한 이 방법은 아이의 뇌를 발달시키는 기본적인 방법이므로 육아를 고민하고 있는 부모님뿐만 아니라, 교육 관계자, 학교나 어린이집·유치원 선생님에게도 도움을 줄 수 있을 것입니다.

뇌 육아라고 해서 결코 어려운 것을 하는 게 아닙니다. 일상에서 할 수 있는 일을 도입하면 아이와의 관계가 편해지고, 아이가 쭉쭉 뻗어 나갈 것입니다. 빠르면 일주일만 지나도 아이에게 큰 변화가 일어납니다.

아이에게 신경 쓰이는 행동이 있거나, 주변 아이보다 할 수 없는 것이 많거나 하면, 부모님은 불안해하고 고민에 빠집니다. 이 책을 손에 든 당신도 자신의 아이와 주변 아이를 비교하며 '이것이 되어 있지 않다' '발달이 느려서 불안하다'고 고민하고 있는 것이 아닐까요? 하지만 걱정할 필요는 없습니다.

아이의 뇌는 성장 과정에 있으며 지금의 상태가 영원히 고정되는 것이 아닙니다. 더욱이 뇌 과학 연구를 통해 뇌는 언제까지나 계속 성장하는 게 알려져 있습니다. 즉 지금 눈앞에서 '신경 쓰이는 행동'을 하고 있다고 해서 그 상태가 계속되는 것은 아닙니다. 태어나면서 뇌의 불균형적인 발달이 있든 없든 그것과 관계없이 말입니다.

이 책을 읽고 부모님이 자신의 태도나 아이를 대하는 방법을 바꾸는 것만으로도, 아이의 뇌는 보통 변합니다. 그리고 이 책의 방법을 시도해봄으로써, 부모님 자신도 더 건강하게, 더 충실한 나날을 보낼 수 있을 것입니다.

아이에 대해 '어쩐지 ○○한 게 신경 쓰여'라고 생각한 그 알아차림은, 아이와의 앞으로(미래)를 바꿀 수 있는 기회이기도 합니다. 아이의 미래를 바꾸기 위해서 이 책이 도움이 되었다면 정말 다행입니다. 그리고 아이와 함께 당신도 바꾸어 갑시다.

차례

제 4 장

부모님과 선생님의 협력이 아이를 성장시킨다

제 5 장

육아의 목표는 훌륭한 원시인을 키우는 것

제 1 장

발달장애로
오진되는 아이가
증가하고 있다

발달장애로 여겨지는 아이,
13년 동안 10배 증가

이 책을 손에 든 분 중에는 아이의 육아에 대해 고민하고 있거나, '혹시 우리 아이가 발달장애가 아닐까'라고 생각하고 있는 분도 있을 것입니다.

저는 뇌 과학을 연구하면서 소아과 의사로서 발달장애가 의심되는 아이의 진료도 하고 있습니다. 또한 교육 현장에도 관계하면서, 다양한 아이의 상담을 하고 있는 입장이기도 합니다.

그런 가운데 신경이 쓰이고 있는 것이 "발달장애 아이가 늘어나고 있다"라는 뉴스입니다.

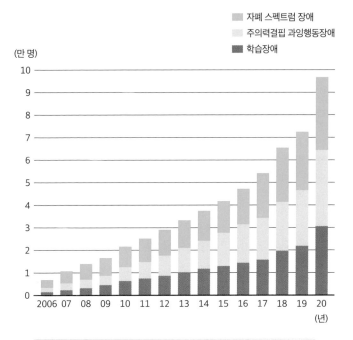

발달장애 아동·학생 수의 추이

■ 자폐 스펙트럼 장애
□ 주의력결핍 과잉행동장애
■ 학습장애

(만 명)

2006 07 08 09 10 11 12 13 14 15 16 17 18 19 20
(년)

● **자폐 스펙트럼 장애(ASD)**
대인관계가 부족하고 고집이 세다고 여겨지는 발달장애

● **주의력결핍 과잉행동장애(ADHD)**
부주의, 과잉행동, 충동성이 특징이 되는 발달장애

● **학습장애(LD)**
듣기, 말하기, 읽기, 쓰기 등에 어려움이 발생하는 발달장애

출처: 문부과학성「2020년 통합교육에 의한 지도 실시상황 조사 결과」로부터 작성

최근 **"발달장애라고 불리는 아이가 획기적으로 증가하고 있다"**고 알려져 있습니다. 일본은 2006년 시점에서 발달장애 아동 수가 약 7,000명이었지만, 2019년에는 7만 명을, 2020년에는 9만 명을 넘었습니다. 도중에 조사대상이 확산된 것을 감안하더라도 숫자만 보면 13년(2006~2019년)동안 10배로 늘어난 셈입니다.

이번 제1장에서는 발달장애와 관련해 의료현장과 학교 등의 교육현장이 어떠한 상황에 있는지를 전하고, 왜 발달장애가 의심되는 아이가 늘어나고 있는지를 생각해보고 싶습니다.

그리고 아이의 행동이 신경 쓰이는 분들이 기억해주셨으면 하는, '유사발달장애'라고 하는 개념에 대해서도 다룰 생각입니다.

우선 최근의 학교현장을 둘러싼 상황과 사회의 변화 등 많은 아이들이 발달장애로 의심되고 있는 배경에 관해 이야기해보도록 합시다.

조사마다 늘어나는
발달장애 가능성이 있는 아이

일본 문부과학성은 2000년에 「세기의 특수교육의 본질에 관한 조사 연구 협력자 회의」를 실시했습니다. 그 최종보고 에서 회의에 모인 연구자들은 "일반학급에 있는 특별한 교 육적 지원을 필요로 하는 아동·학생에게 적극적으로 대응 할 필요가 있다"는 의견을 냈습니다.

이를 통해 2002년에 「일반학급에 재적하는 특별한 교육적 지원을 필요로 하는 아동·학생에 관한 전국 실태조사」가 시 행되었습니다. 초·중학교의 일반학급 중에 발달장애 경향이 있는 '특별한 지원이 필요한 아이'가 얼마나 있는지를 파악 하기 위해 교사에게 설문지 형태로 조사가 이루어졌습니다.

그 결과 일반학급 중에는 6.3%, 인원수로는 2~3명(40명 학급의 경우)의 '특별한 지원을 필요로 하는 아동·학생'이 있는 것이 밝혀 졌습니다. 조사로부터 2년 후인 2004년에는 아이가 어릴 때 에 발달장애를 발견해, 적절한 지원을 실시하는 것을 추진하는「발달장애인 지원법」이 제정되었습니다.

2002년에 시행된 일본 전국 실태조사는 한 번에 끝나지 않았습니다. 2012년에도 같은 형태로 전국의 공립 초·중학교의 아동·학생, 약 5만 명을 대상으로 조사가 시행되었습니다. 결과적으로 '발달장애 가능성이 있다'고 여겨진 아동·학생은 전체의 6.5%라는 결과가 나왔습니다.

또한 2020년도에는 문부과학성이 통합교육 지도를 받고 있는 주의력결핍 과잉행동장애(이하 ADHD)나 학습장애(이하 LD), 자폐 스펙트럼 장애(이하 ASD) 등 특별한 지원이 필요한 아동·학생에 대해 다른 조사(통합교육 지도 실시상황 조사)를 했습니다.

그 결과 전국의 국·공·사립 초·중·고등학교에서 일반학급에 다니면서 일주일에 몇 번만 장애 등에 따라 다른 교실에서 특별한 지도를 받고 있는 아동·학생이 총 16만 4,697명 있다는 것을 확인할 수 있었습니다. 이 숫자는 조사 시작 이후 가장 많았습니다.

그중 발달장애 아동·학생은 9만 6,786명이었습니다. 자세히 보면 ADHD 아동·학생은 3만 3,827명, LD는 3만 612명, ASD는 3만 2,347명이었습니다. **ADHD와 LD는 2019년도에 실시한 동일 조사와 비교해 약 1만 7,000명이나 증가했고, ASD는 2006년도의 3,912명에 비해 14년 만에 약 8배나 늘어났습니다.**

그리고 2022년에는 새로운 발달장애아에 관한 조사결과가 보고되었습니다. 2002년, 2012년에 같은 조사가 일본 전국 공립 초·중·고등학교의 아동·학생, 약 8만 8,000명을 대상으로 시행되었습니다. 그리고 **어려움을 안고 있는, 즉 발달장애가 의심되는 아이들이 초등학교, 중학교에 8.8%를 차지하고 있음이 밝혀졌습니다.**

덧붙여서 8.8%라는 숫자는 어려움을 안고 있는 아이들 전체를 나타내는 숫자이며, 보다 세밀한 분류는 다음과 같습니다(증상이 중복된 아이도 있기 때문에 합계 숫자 8.8%보다 많아집니다).

■ **6.5% … 학습면에서 현저히 어려움이 있다.**

■ **4.7% … 행동면에서 현저히 어려움이 있다**(지시 따르기가 되지

않고, 침착하지 않고 착석이 불안정 등).

■ 2.3% … 학습면·행동면의 양쪽에서 현저히 어려움이 있다.

6.3%가 일본의 교육현장에 미친 영향

'6.3%'는 앞에서 말한 2002년 문부과학성의 조사(일반학급에 재적하는 특별한 교육적 지원을 필요로 하는 아동·학생에 관한 전국 실태조사)에서 '발달장애의 가능성이 있는 아이가 6.3% 있다'라는 숫자가 나온 것으로, '발달장애'라는 말과 개념은 일본의 교육현장에 급격히 확산되었습니다.

2012년도에 시행된 2개의 조사(동일한 조사도 포함하여)는 발달장애에 관한 인지도를 올리는 계기가 되어, 교육현장에 큰 영향을 주었다고 말할 수 있을 것입니다. 교육현장에서 '발달장애'라는 생각이 침투하면, 그것은 가정에도 조금씩 퍼집니다. 필자는 25년 이상 같은 병원에서 소아 심리 외래 진료를 실시하고 있습니다만, 이러한 2회의 조사 후에 "우리 아이가 발달장애가 아닌가"라고 상담하러 오는 분이 늘어난 것을 잘 기억합니다.

다만 이러한 2개의 조사, 그리고 최근 2022년도 조사는 발달장애를 진단할 수 있는 전문가가 실시한 것은 아닙니다. 학교 현장에 있는 교사가 아동의 언행을 평가하는 형태로 행해진 것이며, 명확한 진단 기준에 비추어 행해진 것이 아닙니다. 그런데도 이 숫자는 발달장애아의 '진짜 재적률'을 나타내고 있는 것처럼 퍼졌다고 할 수 있습니다.

전 세계에서 발달장애아가 늘어나고 있다!?

발달장애의 가능성이 있는 아이가 8.8%나 있다는 국내 조사 결과가 있습니다.

이를 더 깊이 생각하기 위해 해외에서의 발달장애 비율을

논문 등을 통해 살펴보겠습니다.

먼저 찾아볼 수 있는 것이 1970년대에 영국의 아동 정신과 의사 로나 윙이 발표한 "ASD는 아이(0~15세) 1만 명당 26명이다"라는 숫자입니다. 백분율로 따지면 전체 대비 0.26% 정도가 됩니다. 또한 영국의 발달심리학자 사이먼 바론 코헨의 2009년 논문에서도 ASD는 1만 명당 1% 정도로 알려져 있습니다. 조사한 시기는 조금 다르지만 이것만 보면 지금 일본의 결과와 큰 차이가 있습니다.

해외 논문이나 연구에서, 일본의 문부과학성 조사 결과와 같이 발달장애를 하나로 묶어 데이터를 모으고 있는 예는 그다지 없습니다. 해외에서 ASD와 ADHD의 유병률은 구분해서 통계를 내는 경우가 많습니다.

계속해서 사회성 장애로 여겨져 집단생활에 지장이 있는 경우가 많은 ASD에 관한 해외 조사 결과를 소개하겠습니다.

미국 노스캐롤라이나주에서 'TEACCH 프로그램(티치 프로그램, ASD 아동을 위한 치료 교육법)'이 시작된 것이 1972년인데, 그 당시에는 2,500명 중 1명이 ASD로 진단되었습니다. 최근

통계에서는 미국 전역 어린이 중 ASD 비율은 약 2%(44명 중 1명)라고 합니다. **10년 전의 통계(88명에 1명)와 비교하면 미국에서는 약 2배 정도의 증가입니다.**

ADHD에 관해서는 어떨까요?

미국에서는 ADHD 유병률이 8명 중 1명(12%)이라는 놀라운 조사 결과가 있습니다. 게다가 증가율로 보면 2003~2011년까지 8년간 42.9%나 상승하고 있습니다(8.4%→12%). 또한 미국 CDC 조사에서는 3~17세 어린이 중에서 9.8%가 ADHD 진단을 받고 있습니다.

이것만 보면 일본의 발달장애 아동 수나 비율은 적은 것처럼 보입니다. 다만 미국에는 다양한 인종, 민족이 살고 있어 영어를 충분히 사용할 수 없는 아이 중에서 진단 예가 급증하고 있으며, 또한 ADHD 대국이라고 할 정도로 ADHD 진단이 많다는 실정도 있습니다. 그것들을 감안하면 일본의 발달장애 아동 증가율은 세계에서도 높은 것처럼 보입니다.

이렇게 일본과 세계에서 늘어나고 있는 발달장애아, 이 아이들은 모두 진짜 발달장애일까요?

필자는 그 모든 아이들이 진짜 발달장애로 진단되지는 않을 것이라고 생각합니다.

그리고 급격히 늘어난 '발달장애로 의심받는 아이' 중에는 이 책에서 말하는 '유사발달장애' 아이들이 포함되어 있을 것이라고 확신하고 있습니다.

일본의 발달장애 관련 법과 지원

'유사발달장애'란 무엇인가를 전하기 전에, 발달장애아가 늘어난 배경을 생각할 때 빠뜨릴 수 없는 일본에서의 '발달장애에 관한 법이나 지원의 구조'에 대해 간단히 설명할 필요가 있을 것 같습니다.

우선 2000년대 초반에 발달장애인 지원법이 제정되었습니다. 이 법의 제정에 의해 아동을 포함한 발달장애가 있는 사람에 대해서 적절한 지원을 하는 것이 가능해졌습니다. 또한 발달장애의 조기 발견도 촉진하도록 되었습니다.

지금은 발달장애는 공적인 지원대상이 되고 있습니다만, 실은 이 법이 제정될 때까지는 경도 발달장애나 아스퍼거장애라고 불리는 지적장애를 수반하지 않는 ASD, ADHD, LD 등의 발달장애인에게는 공적인 지원은 거의 없었습니다.

지적장애가 있는 아이에게는 수첩이 교부되고, 복지 지원이 있었습니다. 또한 그 아이들에게는 특별지원 학급이나 특별지원 학교 등에서 교육이 행해져, 졸업 후에도 공적연금 등의 복지 지원이 실시되었습니다. 그러나 지적장애를 수반하지 않는 ASD, ADHD, LD 등에게는 지원의 손길이 닿지 않았습니다.

이러한 상황을 바꾼 것이 로나 윙이 제창한 '자폐증의 특징을 가지는 사람을 그 상태가 무거운 사람도 가벼운 사람도 연속체(스펙트럼)로서 파악하는 관점'입니다. 이것이 일본에도 도입되어 적용되면서 발달장애인 지원법이 생겼습니다.

이러한 흐름 속에서 일본 후생노동성은 전국에 발달장애인지원센터를 만들고, 그곳을 발달장애인 지원의 근간으로 삼게 되었습니다.

발달장애인지원센터란 발달장애인을 지원하기 위한 기관입니다. 발달장애인과 그 가족을 지원하기 위해 의료 및 교육 등 다양한 관계 기관과 연결되어 발달장애인과 그 가족으로부터 상담을 받고 지원을 실시하고 있습니다. 도도부현(都道府県, 일본의 최상위 행정구역으로, 한국의 광역자치단체에 해당하는 체계이다-옮긴이) 등이 직접 운영하고 있거나, 도도부현 지사 등에서 지정한 특정 비영리활동법인이나 사회복지법인 등이 운영하고 있습니다.

교육현장에 '발달장애'가 도입되면서 발생하는 현상

발달장애인지원법이 생기고 발달장애인지원센터가 생김으

로써 발달장애라는 말이 적용되어 미디어에서도 다룰 수 있게 되었습니다. 관련 서적도 다수 출판되고, 전국에 발달장애인지원센터가 설치되어 사회가 크게 바뀐 것입니다.

학교 현장에서는 교사들이 문부과학성이 추천하는 발달장애에 관한 연수를 받게 되었고, 연수에서 배운 것을 응용하게 되었습니다. 예를 들면 '현저하게 발달이 느린 아이에게는 지원을 실시할 필요가 있을지도 모른다'라고 생각하게 된 것입니다.

관련법 제정을 기반으로 '발달장애'라는 말이 교육행정에서 교육현장에 적용되어 갔습니다.

그에 따라 지금까지 학습이 잘 진행되지 않았던 아이의 문제가 해결·개선하는 등 좋은 면이 있어, 모두가 필요한 교육을 받게 되었다는 의미에서 매우 중요한 변화였다고 생각합니다.

다만 발달장애라는 말의 적용이 가져온 것은 유감스럽게도 이러한 바람직한 변화만은 아닙니다.

교사나 부모님이 아이를 보는 시선에 '발달장애'라고 하는

선택사항이 하나 추가되어, '이 아이도 발달장애일지도 모른다'
라고 생각하는 사람들이 갑자기 많이 늘어난 것도 사실입니다.

선생님의 이야기를 무시하고 돌아다니는 아이, 모두와 같
은 행동을 할 수 없는 아이, 현저하게 발달이 느린 아이….
지금까지는 조금 손이 많이 갈 뿐이라고 생각되고 있던 아
이들이 발달장애라는 틀에 적용되는 사례도 현실에서 늘어
난 것 같습니다.

정도의 차이가 있겠지만, 어린이집·유치원이나 학교 등의
교육현장에서 신경이 쓰이는 행동을 취하는 아이들을 '이
아이도, 그 아이도 발달장애?'라고 생각하게 되었을 가능성
이 있습니다.

발달장애인지원법이 가져다 준
획기적인 혜택

반복해서 언급하지만, 발달장애인 지원에 관한 법률이 정비

되어 발달장애에 대한 인지가 확산됨으로써 좋은 일이 많이 일어난 것도 사실입니다.

그때까지 교육현장에서는 정서면·심리면에서 문제행동이 있는 아이는 중증 장애가 아니라고 구분되어, 복지 지원이 되지 않았습니다. 법률적으로도 옹호되지 않아 불리함이 발생할 가능성이 있었던 것입니다.

그러나 법률이 생김으로써 지금까지 지원의 손길이 미치지 못했던 아이들에게도 지원의 손길이 닿게 되었습니다. 발달장애인지원법은 아무런 지원도 받지 못한 아이를 지원으로 연결한다는 의미에서 획기적인 것입니다. 그 결과 몇몇 학교에 1개 밖에 없었던 특별지원 학급이 지금은 여러 학교에 만들어지고 있습니다.

그 후 2013년에는 「장애인 차별 금지법」이 제정되어, 어떤 아이라도 같은 장소에서 배울 수 있게끔 장애의 특성에 따른 환경을 조정하거나 고안하는 합리적 배려(reasionable accommodation, 한국에서는 '정당한 편의' 제공으로 사용되고 있습니다-옮긴이)가 학교 현장, 공교육 및 공적 기관에 의무화되었습니다. 모두가 동등한 교육을 받기 위해 이러한 법의 정비가 중요한 것이었음은 틀림없는 사실입니다.

원래 발달장애란 도대체 무엇인가?

이 책을 읽는 분은 이미 알고 있을 수 있지만, '원래 발달장애란 무엇인가?'에 대해 간단하게 설명해보겠습니다. 발달장애가 무엇인지 이해함으로써, 이 책의 중심 주제인 '유사발달장애'에 대해서도 보다 깊게 이해해주실 수 있다고 생각합니다.

발달장애는 뇌 발달과 관련된, 태어나면서부터 갖는 기능장애입니다. 일상생활에서 다양한 어려움이 발생합니다. 대표적으로 알려져 있는 것이 ADHD와 ASD, LD인데, 그 밖에도 여러 종류가 있으며 그 증후도 다양합니다. ASD와 LD 등 몇 개의 장애를 중복해서 가지는 경우도 많습니다. 또한 나타나는 증후는 사람마다 달라집니다.

오랫동안 '발달장애'라는 이름으로 불려 왔지만, 이름 속에 '장애'라는 단어가 들어 있기 때문에 문자 정보로 마이너스 이미지를 갖게 되는 경우도 있습니다. 그러므로 지금의 DSM-5의 진단 기준에서 지금까지 장애라고 번역하고 있던 'disorders(디스오더즈)'를 자폐스펙트럼 장애나 신경발달장애라고 하는 증후가 있다고 하는 의미의 '증'이라고 번역하게 되었습니다. 사실 '발달장애'라는 이름은 의학적 진단명이 아닙니다. 소아과학에서는 비정형적인 발달이 생후 발견되는 모든 질병과 장애를 포함한 카테고리의 이름을 말합니다.

참고로 다음 페이지부터 많은 의사가 사용하고 있는 진단 안내서인, 미국 정신의학회 작성의 'DSM-5'에 게재되고 있는 ADHD의 진단 기준을 인용해 소개합니다. ADHD의 경우, 이 기준을 충족하고 처음으로 발달장애라고 진단됩니다.

A. (1) 및/또는 (2)를 특징으로 하는 부주의 및/또는 과잉행동-충동성의 지속적인 방식으로 기능 또는 발달을 방해하는 것*

(1) 부주의: 다음 증상 중 6개(또는 그 이상)가 적어도 6개월 지속한 적이 있으며, 그 정도는 발달 수준에 부적합하며 사회적 및 학업적·직업적 활동에 직접적으로 악영향을 미칠 정도이다:

※ 주: 이러한 증상은 단순한 반항적 행동, 도전, 적의의 표현이 아니며, 과제와 지시를 이해하지 못하는 것은 아닙니다. 청년기 후기 및 성인(17세 이상)에서는 적어도 5개 이상의 증상이 나타나는 경우가 필요합니다.

ⓐ 학업, 일 또는 기타 활동 중에 종종 면밀히 주의할 수 없거나 부주의한 실수를 한다(예: 세부사항을 간과하거나 놓치거나 작업이 부정확함).

ⓑ 과제 또는 놀이 활동 중에 종종 주의를 지속하기가 어렵다(예: 강의, 대화 또는 장기간의 독서에 집중하기가 어렵다).

ⓒ 직접 말을 걸었을 때 종종 듣지 않는 것처럼 보인다(예: 명백히 방해요소가 없는 상황에서조차도 마음이 다른 곳에 있는 것처럼 보인다).

ⓓ 종종 지시를 따르지 않으며 학업, 일, 직장에서 의무를 수행할 수 없다(예: 과제를 시작하지만 즉시 집중할 수 없게 되고, 또한 쉽게 탈선한다).

ⓔ 과제와 활동을 순서대로 하는 것이 종종 어렵다(예: 일련의 과제를 수행하는 것이 어렵다, 자료나 소지품을 정리해 두는 것이 어렵다, 작업이 지저분하고 정리가 안된다, 시간 관리가 약하다, 마감을 지키기 어렵다).

ⓕ 정신적 노력의 지속을 요하는 과제(예: 학업이나 숙제, 청년기 후기 및 성인에게는 보고서의 작성, 서류에 빠짐없이 기입하는 것, 긴 문장을 재검토하는 것)에 종사하는 것을 자주 피하고, 싫어하거나 억지로 수행한다.

ⓖ 과제나 활동에 필요한 것(예: 학교 교재, 연필, 책, 도구, 지갑, 열쇠, 서류, 안경, 휴대전화)을 자주 잃어버린다.

ⓗ 종종 외부 자극(청년기 후기 및 성인에서는 관련이 없는 아이디어도 포함됨)으로 인해 금방 주위가 흐트러진다.

ⓘ 종종 일상적인 일(예: 용무를 보거나 심부름하기, 청년기 후기 및 성인 시기에는 전화를 다시 거는 것, 돈 지불하기, 회의 약속을 지키는 것)을 자주 잊어버린다.

(2) **과잉행동 및 충동성:** 다음 증상 중 6개(또는 그 이상)가 적어도 6개월 동안 지속된 적이 있으며, 그 정도는 발달 수준에 부적합하며 사회적 및 학업적·직업적 활동에 직접적으로 악영향을 미칠 정도이다:

※ 주: 그 증상은 단순한 반항적 태도, 도전, 적의 등의 표현이 아니며, 과제와 지시를 이해하지 못하는 것은 아닙니다. 청년기 후기 및 성인(17세 이상) 시기에는 적어도 다섯 가지 이상의 증상이 필요합니다.

ⓐ 종종 팔다리를 부산스럽게 움직이거나 가볍게 두드리거나 의자 위에서 안절부절 못한다.

ⓑ 좌석에 앉아 있는 것이 요구되는 상황에서 종종 자리를 이탈한다(예: 교실, 직장, 그 외 작업장에서, 혹은 그곳에 머무를 것을 요구받는 데도 자신의 자리를 떠난다).

ⓒ 부적절한 상황에서 자주 뛰거나 높은 곳으로 올라간다(예: 청소년 또는 성인 경우 불안한 느낌에만 국한될 수 있다).

ⓓ 조용히 놀거나 여가 활동을 할 수 없는 경우가 많다.

ⓔ 흔히 '가만히 있지 않는' 또는 마치 '엔진으로 움직이는 것처럼' 행동한다(예: 레스토랑이나 회의에 장시간 머물 수 없거나, 불편하게 느낀다. 다른 사람들에게는 차분하지가 않거나 함께 있는 것이 어렵다고 느껴질지도 모른다).

ⓕ 종종 지나치게 말을 많이 한다.

ⓖ 질문이 끝나기도 전에 대답하는 경우가 자주 있다(예: 다른 사람들의 말을 이어 받아서 말하는 대화에서 자신의 차례를 기다릴 수 없다).

ⓗ 종종 자신의 순서를 기다리는 것이 어렵다(예: 줄 서 있을 때).

⑨ 종종 다른 사람을 방해하고 훼방한다(예: 대화, 게임 또는 활동을 간섭하는 상대방에게 물어보지 않거나 허가를 받지 않고 다른 사람의 물건을 사용하기 시작할지도 모르는 청년 또는 성인의 경우, 다른 사람이 하는 일에 잔소리 하거나 가로채기를 할 수도 있다).

B. 부주의 또는 과잉행동-충동성의 증상 중 몇 가지가 12세가 되기 전부터 존재했다.

C. 부주의 또는 과잉행동-충동성의 증상 중 몇 가지가 두 가지 이상의 상황(예: 가정, 학교, 직장 친구 또는 친척이 있을 때, 다른 활동 중)에 존재한다.

D. 이러한 증상이 사회적, 학업적 또는 직업적 기능을 손상시키거나 그 질을 저하시키고 있다는 명확한 증거가 있다.

E. 그 증상은 정신분열증 또는 다른 정신병 장애의 경과 중에만 발생하는 것은 아니며, 다른 정신 질환(예: 기분장애, 불안증, 해리성장애, 성격장애, 물질중독 또는 이탈)에서는 잘 설명되지 않는다.

『DSM-5 정신질환의 분류와 진단의 안내(DSM-5 精神疾患の分類と診断)』에서 인용
*1: 이 문장은 "아래의 (1)과 (2), 또는 어느 쪽인가에 의해 부주의와 과잉행동-충동성, 또는 어느 쪽인가가 있고, 기능 또는 발달의 방해가 되고 있다"라는 의미를 가리킨다.

여기에는 자세히 기술하지 않겠지만, ASD 및 LD에 대해서도 비슷한 세부 기준이 많이 있습니다.

발달장애에 대한 대략적인 지식은 현재 학교 현장에 있는 교사들의 대부분이 알고 있다고 생각합니다. 하지만 현실적으로는 명확한 진단 기준을 정확하게 알고 있는 사람은 적을 것입니다. 그래서 필자는 이러한 배경을 바탕으로 학교 현장에서 8%를 넘는 아이가 발달장애가 아닐까 하고 의심되는 현상이 발생하고 있다고 생각합니다.

여기서 문제가 되는 것은 발달장애의 증후는 주로 주위에서 관찰하는 사람이 주관적으로 판단하는 것이 많다는 것입니다. 발달장애에 관한 잘못된 정보만이 적용되고 있다면, 같은 언행을 하는 아이를 본 교사가 '이 아이도 발달장애가 아닐까'라고 생각해도 어쩔 수 없을 것입니다.

임상 현장에서 보이는
유사발달장애

앞에서 언급했듯이 발달장애라는 말이 교육현장에서도 확산된 결과, 학교 선생님이 '발달장애의 카테고리에 들어간다고 생각되는 아이들'을 발견하는 경우가 많아졌습니다.

그러나 현실에서는 학교 등으로부터 '발달장애가 아닐까?'라고 지적되어 필자에게 상담받으러 오는 사례 중에는, 의학적으로는 발달장애 진단이 내려지지 않는 예도 많이 포함되어 있었습니다. 저는 그러한 예를 '유사발달장애'라고 부릅니다.

유사발달장애가 무엇인지를 대략적으로 정리하면, '발달장애로 진단이 내려지지 않는데, 발달장애와 구분할 수 없는 증후를 나타내는 상태'를 가리킵니다.

이것은 필자가 진료를 통해 만난 아이들의 증후를 보는 가운데 만든 신조어이며, 그러한 진단명이 있는 것은 아님을 주의해주시기 바랍니다.

주위에서 보면 언행에서 발달장애와 비슷한 증후가 있어

교육현장에서도 발달장애로 의심됩니다. 그 언행 때문에 아이들 자신도 매우 곤란하고, 부모님도 고민을 겪고 있습니다. 하지만 실제로는 발달장애가 아닌 경우도 해당이 됩니다.

이 책을 읽는다는 것은, 아마도 자신의 아이나 주위에 있는 아이의 언행 때문에 고민하기 때문이라고 생각합니다. 우선 다음의 유사발달장애 정의를 읽고 그 아이에게 들어맞는지 생각해보셨으면 합니다. 유사발달장애는 다음 세 가지 범주로 나뉩니다.

유사발달장애의 세 가지 카테고리

1. 진단은 불가능하지만 발달장애 증상을 보이는 것

침착하지 않고, 집단생활에 적응하지 못하며, 충동성이 높은 것 등 발달장애와 유사한 증후가 있어 상담 받으러 오는 부모님들이 많습니다. 그렇다고 모두 다 발달장애 진단을 내릴 수 있는 것은 아닙니다.

발달장애는 '선천적인 뇌의 기능장애'로 정의되기 때문에 진단을 위해서는 '태어날 때부터의 발달 성취력'을 듣고 그것을 진단 기준에 비추어 볼 필요가 있습니다. 그런데 **발달 성취력에 전혀 문제가 없어도 마치 '발달장애와 같은' 행동을 보이는 아이가 있습니다. 이것이 바로 유사발달장애라고 말할 수 있습니다.** 특히 초등학교 입학 전 유아기에 많이 볼 수 있습니다.

이러한 아이들에게 자주 보이는 것이 생활 리듬의 혼란과 텔레비전이나 스마트폰, 태블릿 등의 전자기기 과사용입니다. 나중에 자세하게 설명하겠지만, 뇌 발달에 있어서 태어난 후 5년간은 '동물로서 살아가기 위한 기술의 획득'이 우선시 되어야 합니다.

생활 속에서 오감에 반복적으로 자극을 넣어 뇌를 발달시켜, 자연계에서 살아남는 힘을 획득하는 것이 중요합니다. 이 원시적인 뇌가 발달하지 않으면 언어도 감정 제어도 사회성도 획득할 수 없는 것입니다. **생활 리듬이 흐트러져 전자기**

기를 과사용하면, 원시적인 뇌 발달이 지연되고, 뇌 기능의 균형이 무너지기 때문에 발달장애와 유사한 행동을 보인다고 필자는 생각하고 있습니다.

이처럼 "발달장애와 비슷한 증후를 보이면서도 정확하게 진단 기준에는 해당되지 않는다"는 사례를 지금까지 몇 차례 보았습니다. 그 대표적인 예가 다음에 소개할 A양입니다.

사례 1 생활을 바꾼 것만으로 언행이 바뀐 A양

A양은 당시 4세 여아였습니다. 편식이 심하고 친구를 때리거나 폭언을 하는 등 발달장애로 보이는 문제행동이 유치원에서 관찰되고 있었습니다. 어린이집·유치원의 선생님으로부터 전문기관에 가보도록 추천을 받아, 제가 운영하는 '육아 과학 엑시스'에 상담 받으러 왔습니다.

A양 집에서는 아빠가 돌아오는 것이 언제나 밤 11시경이었다고 합니다. A양의 어머니 자신이 자기 아버지와 별로 관계가 없는 성장 과정을 거쳐와서 외로웠다는 기억이 있었기 때문에, 가족과 함께 보내는 시간을 매우 중요하게 생각하

고 있었습니다. 그래서 A양과 엄마는 한밤중까지 잠을 자지 않고 아빠가 돌아가기를 기다리고 있었던 것입니다.

아빠는 요리가 특기이고 귀가 후에 저녁밥을 만듭니다. 그 것을 모두 먹고 나서 잠자리에 들기 때문에 취침은 새벽 2시 정도가 됩니다. 당연히 A양은 아침에 순조롭게 일어날 수 없 습니다. 심할 때는 9시 반 기상, 다니고 있는 유치원에는 10 시 등원 시간에 빠듯하게 도착하는 생활을 계속하고 있었 습니다.

필자는 그런 일상 이야기를 듣고 나서 A양의 엄마에게, "A 양의 뇌 발달의 균형이 무너지고 있기 때문에 뇌를 재성장 시킵시다"라고 했습니다. A양의 뇌를 확실히 재성장시키기 위해서는 아버지의 귀가를 기다리지 않고 일찍 자고, A양을 아침 7시에 깨우는 것이 중요하다고 말씀드렸습니다. A양의 엄마도 이에 동의하여 생활의 조정을 실천해주었습니다.

생활을 바꾸고 나서는 A양에게는 다양한 변화가 일어났습 니다. 아침 7시에 일어나는 일을 매일 반복하게 되면서, 밤 8 시에는 졸려서 잠들게 되었습니다. 거기다 아침밥도 꼭 먹게 되었습니다. 그전까지는 유치원에서도 스스로 친구들 무리에 참여한 적이 없었는데, 자발적으로 친구들 무리에 들어가 의사소통을 즐길 수 있게 되었다고 합니다. 친구 사이에도 문제가 없어져 침착하게 글자까지 쓸 수 있게 되었고, 무엇을 하든 집중할 수 있게 되었다고 합니다.

생활 리듬을 조정하는 것만으로, A양의 신경 쓰이는 언행이 빠르게 사라져 갔습니다. 특별한 교육도, 약도 A양에게는 필요하지 않았습니다.

여담입니다만, A양과 엄마가 생활 패턴을 바꾸면서, 아버지도 매일 저녁 6시에는 귀가하게 되었다고 합니다. 늦게 돌아가면 모두가 자고 있어 쓸쓸했을 것입니다. "집에 가고 싶다! 집에 가자!"라고 생각하며 일을 하면, 빨리 끝낼 수 있었던 것이었을지도 모르겠네요.

2. 의사가 아닌 사람들로부터 사전진단을 받는 것

발달장애라고 진단할 수 있는 것은 면허를 가진 의사뿐입니다. 그러나 최근에는 평상시, 아이를 봐 주는 **어린이집 교사나 유치원 선생님, 학교 선생님으로부터 "발달장애가 아닐까?"라고 사전진단을 받는 사례**가 많습니다. 이 경우도 유사발달장애 중의 하나로 이 책에서는 정의합니다.

특별지원교육의 필요성이 전 세계로 확산되어, 특히 어린이집이나 유치원, 학교 현장에서는 발달장애에 관한 연수도 증가해서, 많은 분이 발달장애에 대한 지식을 가지게 되었습니다. 그 결과 다음 사전진단을 하는 사례가 증가하고 있는 것 같습니다. 물론 부모님에게 "발달장애일지도 모릅니다"라고 의견을 전하는 것에 대해, 선생님들도 고민하고 생각하신 결과일 것입니다.

아이에게 함부로 나쁜 꼬리표를 붙이고 싶은 게 아니라, "발달장애 가능성이 있다"라고 의견을 전하는 것이죠. 아이의 생활을 나아지게 하고 싶고, 필요하다면 의사에게 연결하고 싶은 것입니다.

하지만 그렇다고 그 말을 너무 진지하게 받아들여 무작정 뛰어드는 것은 위험합니다. 사전진단만 받았는데, "이 아이는 발달장애니까" "경계선 발달장애이니까"라고 단정 짓는 것은 그만둡시다.

일단은, 이 책에서 정리한 것처럼, "현재 생활 속에서 개선할 수 있는 것은 없는가?"를 찾아보는 것이 좋습니다. 그리고 신뢰할 수 있는 의료기관에 상담하는 것을 추천합니다.

3. 발달장애로 진단받았지만 증상이 완화되는 것

마지막으로, 세 번째 유사발달장애는 '발달장애 진단이 내려졌음에도 불구하고, 그 후 증후가 완화된 사례'입니다. 실제로 필자가 진료한 아이들 중에 있는 사례입니다. 발달 성취력 등을 확인하여 진단을 내린 아이라도, 그 후의 생활·환경 개선에 의해 증후가 좋아지는 경우도 있습니다. 다음 사례를 봅시다.

사례 2 중학생이 되어 증후가 완화된 S군

이번 사례의 주인공은 중학생 남자, S군입니다.

S군이 처음으로 '육아과학 엑시스'에 온 것은 초등학생일

때입니다. 행동 면에서도 발달 성취력을 봐도 발달장애로 진단이 내려진 소년이었습니다. 어린 시절의 모습을 들어보면 집단 안에서 사람에게 맞추기가 어렵고, 말이 늦고, 걷게 된 것은 빠르지만 '기어 다니기' 시기가 전혀 없었고, 발뒤꿈치를 붙이지 않고 항상 발끝으로 걷고, 물건을 두는 방법이나 아침 행동 순서에 집착하는 등의 증후가 있었습니다.

또한 유아기에 슈퍼마켓에 갔을 때 마치 불이 붙은 것처럼 울고 있었다고 합니다. 슈퍼 입구 자동문에는 초음파 센서가 붙어 있는 경우가 많은데, 이 초음파에 S군이 반응하고 있었던 것입니다. 일종의 감각과민인데, 발달장애 아동에게서 자주 볼 수 있습니다.

S군은 초등학생이 되어서도 말이 부드럽게 나오지 않았습니다. 그래서 의사소통이 잘 되지 않았고, 그로 인한 스트레스로 주위 사람들에게 폭언이나 폭력을 행사하곤 했습니다. 하지만 이야기를 잘 들어보니, S군도 S군의 부모님도 생활 리듬이 흐트러져 있었습니다. 가족이 함께 야행성 생활을 하고 있었던 것입니다.

S군 가족은 '육아과학 엑시스'에서 생활 개선 지도를 받고 생활을 바꿨습니다. 6개월 후에는 S군의 문제행동은 서서히 사라져 갔습니다. 그 성과라고 해도 좋을 것입니다. 중학생이 된 지금은 증후가 거의 보이지 않는다고 합니다. S군은 아침 5시에 기상하고 짧은 산책을 하고 나서 아침밥을 먹고 아침 일찍 학교에 가서 자주적으로 공부를 하고 있다고 합니다.

지금의 S군이라면 학교 등에서 '발달장애일지도'라고 의심되는 일이 없기 때문에, 평생 의사에게 상담 받는 일 없이 보낼 수 있을지도 모릅니다. 바로 이 사례가 '발달장애로 진단받았지만 증상이 완화된' 유사발달장애 타입입니다.

늘어나고 있는 것은 유사발달장애였다?

필자가 '유사발달장애'라고 하는 증후를 가진 아이는 넓은 의미로 환경이 갖추어지지 않은 경우가 많습니다. 환경이 갖추어지지 않으면 그 결과, 초등학교 입학 전에 확실히 자라야 할 뇌의 중요한 부분이 자라지 않을 수 있고, 학교에서 문제를 일으키게 됩니다.

제가 운영하는 '육아과학 엑시스'에서 다루는 사례에서도, **발달장애와 같은 문제를 호소하고 있지만 실은 유사발달장애인 아이가 증가하고 있습니다.**

이러한 유사발달장애의 증가는 앞서 나온 일본 문부과학성의 "발달장애의 가능성이 있는 아이가 8.8% 있다"라는 조사결과와도 무관하지 않다고 생각합니다.

바쁜 아빠와 엄마의 야행성 라이프 스타일에 맞추어 생활 리듬이 흐트러지거나, 어렸을 때부터 교과 외 활동을 해서 수면 시간이 줄어든 아이가 늘고 있습니다. 이런 아이는 흔히 발달장애와 같은 증상을 보입니다. 이런 아이가 발달장애 가능성이 있는 아이로 보이는 경우는 많습니다.

생일이 빠른 아이는
진단이 내려지기가 쉽다

또한 '발달장애가 아닐까'라고 생각되기 쉬운 아이는 생일이 빠른 아이에게 압도적으로 많다고 느끼고 있습니다. 필자가 진료하는 환자 중에도 1~3월에 출생한 아이가 많습니다.

덧붙이자면 필자도 3월생입니다. 초등학교 때의 필자는 지금의 기준으로 보면, 발달장애 진단이 내려져도 이상하지 않은 문제아였습니다. 몸이 극단적으로 작고 다른 아이의 리듬에 전혀 따라가지 못하고, 잃어버린 물건과 잊은 물건의 수도 많았습니다.

초등학교에 올라가 보니 태어난 달에 따른 차이가 너무 컸습니다. 4월생의 아이와 3월생의 아이에게는 체격도 침착함도 전혀 다릅니다. 이는 어쩌면 당연한 일입니다. 4월생과 3월생의 경우 약 1년이나 성장 정도가 다릅니다(일본 초등학교 입학 연령은 만 6세가 된 후 첫 4월부터 입학할 수 있다. 그래서 4월 2일생부터 다음해 4월 1일생의 아이가 같은 학년이 되므로, 최대 1년의 격차

- 침착하다
- 몸이 크다

- 침착하지 못하다
- 몸이 작다

4월에 태어난 아이와 3월에 태어난 아이는
체격이나 침착함이 다른 경우가 많다.

가 생긴다-옮긴이).

그래서 아무래도 생일이 빠른 아이의 문제행동이 눈에 띄게 됩니다. 특히 ADHD 진단에 이르기 쉬운 아이는 생일이 빠른 아이에게 많은 것 같습니다. 앞에서 미국에서는 ADHD 진단이 많다고 이야기했는데, 사실은 ADHD 진단을 받은 아이 중에는 "학년이 구분되는 해의 빠른 출생 아이에게서 많이 나타난다"라고 하는 조사결과가 있습니다.

이는 미국에서 한 4~7세 아이 40만 명을 대상으로, 8월생과 9월생을 비교하는 조사입니다(미국은 9월이 입학월이므로, 같은 학년 내에서는 최연장이 9월 출생, 최연소가 8월 출생이 됩니다). 이 조사에 따르면, 8월 출생 아이 쪽이 9월 출생 아이보다 ADHD로 진단되는 비율이 34%나 높은 것을 알 수 있었습니다. 이 연구 논문의 저자 중 한 명은 "8월에 태어난 아이가 과잉 진단받을 수 있다"고 주장합니다.

ADHD 진단에 이르기 쉬운 아이는 학년 내에서 태어난 달이 빠른 아이에게 많다고 하는 이 조사는 미국에서 이뤄졌지만, 일본에서도 같은 이야기를 할 수 있지 않을까 합니다.

그런 아이에게는 발달장애 진단을 하는 것보다, 어떻게 하면 성장이 1년 늦어져 있는 부분을 보충해나갈 수 있는지를 가정과 교육현장이 협력하여 같이 고민하는 것이 좋을 것 같습니다만, 꽤 어려운 부분이 많은 것 같습니다.

앞에서 정리한 유사발달장애의 세 가지 카테고리에 공통적으로 말할 수 있는 것으로 '환경이 갖추어지지 않은 것'을 예로 들었습니다. 하지만 이것은 가정환경만이 아닙니다. 생일이 빠른 아이에 대한 대응을 포함해 교육현장에서의 오해나 이해 못함, 또는 이해하고 있었다고 하더라도 '선생님이 도움을 줄 수 없는 상황'이 있다는 것이 불행하게도 현실입니다.

발달장애로 진단되기까지 필요한 것

지금까지 유사발달장애라는 관점에 대해 다루었습니다. 그렇다면 원래 발달장애로 진단되기 위해서 필요한 것을 아십니까? 앞에서 진단 기준을 알아봤는데, 여기서는 진단에 필요한 것, 진단 방법에 대해 살펴보겠습니다.

기본적인 진단에 필요한 것은 어머니의 태내에 있을 때부터 태어난 후의 발달 과정, 심리 검사 결과입니다.

소아과, 이비인후과 등의 의사라도 진단은 내릴 수 있지만, 소아과, 아동 정신과, 어른의 경우에는 심신 의학과, 정신과 등의 전문의와 상담하는 것이 가장 좋다고 생각합니다.

병원에 따라서도 다르지만 일반적으로는(적어도 필자는) 아이의 성장 과정, 발달 과정에 덧붙여 현재의 생활 환경, 부부 관계, 조부모가 있는지, 조부모와 동거하고 있는지, 학교에서의 환경 등 아이와 관련된 모든 것을 듣습니다.

또한 필자가 운영하는 '육아과학 엑시스'는 의료기관은 아니지만, 가족 모두가 방문하여 공인 심리사와 함께 자연스러운 관계를 관찰합니다. 그렇게 함으로써 아이의 행동을 진단하는 것뿐만 아니라, 부모님과 아이 간의 대화 내용 등으로부터 많은 정보를 얻어 진단을 실시하고 있습니다. 가능하다면 임신 전부터의 엄마의 모습에 대해서도 자세히 질문하는 편입니다. 아기의 몸은 어머니의 태반을 통해 다양한 물질이 들어옵니다. 임신 중에 마시던 약, 알코올, 담배, 예방접종 등이 아이에게 영향을 미칠 수도 있기 때문입니다.

또한 진단 보조검사로서 각종 심리 검사를 실시하는 일도 있습니다. 심리 검사에서는 발달장애인지 여부를 확실히 알 수는 없지만 자녀가 잘하는 것, 서툰 것을 파악할 수 있습니다. 이를 통해 아이와 관계하는 방법의 요령을 알거나 환경을 조정할 힌트를 얻을 수 있습니다.

예를 들어 말로 전하는 것보다 그림이나 문자로 전해주는 편이 이해하기 쉬운 아이라고 합시다. 그런 아이에게 오로지 말로만 전달한다고 하면 어려울 수 있습니다. 그 아이의 인지 특성을 심리 검사를 통해 알면 효과적으로 뇌를 자극하는 방법을 알 수 있습니다.

의료기관 선택을 위한
세 가지 포인트

의료기관을 선택하는 세 가지 기준은 다음과 같습니다.

① 발달장애를 전문적으로 다루는 의료기관인지 여부

② 해당 의료기관에서 심리 검사가 이루어지고 있는지 여부

③ 심리사(공인 심리사 또는 임상 심리사)가 검사를 실시하는지 여부

사실 같은 발달장애라도 ASD와 ADHD는 진단 방법이 다른 부분도 있습니다. 이에 대해 좀 더 구체적으로 살펴보겠습니다.

자폐 스펙트럼 장애
진단 방법

ASD(자폐 스펙트럼 장애)로 진단하려면 모자 수첩 등을 참조하면서 발달 과정을 상세히 물어봅니다. 태내 주수, 출생시 체중을 확인할 뿐만 아니라, 운동 발달에 대해서도 세세하게 묻고, 대근육 운동(앉기, 서기, 걷기 등의 생활에 필요한 동작), 소근육 운동(손이나 손가락을 사용한 세밀하고 정밀한 동작), 능숙성, 협응성(손과 발, 눈과 손 등 따로따로 움직이는 기능을 정리해 움직이는 운동) 등의 발달 정도를 확인합니다. 보행 버릇이나 자세 등도 확인해야 할 항목입니다.

언어 발달에 대해서는 처음 말이 나온 시기나 말이 나온 순서 등을 주의 깊게 듣고 진단을 실시합니다.

ASD는 사회적 상호작용에 편향이나 특징이 있기 때문에 흥미·관심의 대상이 일반적인 아이들과 다른 경우가 많습니다. 따라서 아기 때 엄마와 눈이 잘 마주치는지, 낯가림의 강도, 특정 물건에 대한 강한 흥미나 관심, 성인 행동의 모방

유무 등에 대해서도 묻습니다.

ASD 진단에서는, 말이 그 아이에게 있어서 사람과 관계하기 위한 중요한 도구가 되고 있는지도 판별합니다. 어른으로부터의 언어 지시에 따르고 있었는지, 공감을 나타내는 말이 나오게 되었는지, 언어는 나타나고 있지만, 어른의 말을 똑같이 그대로 따라하고 있지는 않은지 등 고려해야 할 부분이 많습니다. 진단을 내리기 위해서는 이처럼 세세하게 발달 정도를 파악하면서 신중하게 판단하는 것입니다.

주의력결핍 과잉행동장애 진단 방법

유아기는 과잉행동과 충동적인 경우가 많기 때문에, ADHD (주의력결핍 과잉행동장애)의 특징을 정확하게 파악하는 것은 7세 정도라고 합니다. 검사는 그 이전부터 받을 수 있지만, 진단이 내려지는 것은 취학 전후가 가장 많습니다. 저연령 때는 'ADHD 의심'으로 확정 진단을 하지 않고, 신중하게 진단·검사를 실시하는 의료기관도 있습니다.

ADHD의 경우에도 앞에서 말한 발달 성취력, 가족의 모습, 이전 거주 이력 등을 확인합니다. 여기에 덧붙여 아이가 학교에서 어떤 모습인지, 산만해지기 쉬운지, 기다리는 것을 참지 못하는 문제가 있는지 등 평상시의 행동을 확인해서, 발달·신경학적 검사 등과 함께 종합적으로 진단을 실시합니다.

다른 발달장애나 ASD와의 구별, 공존이 있는지의 판단이 매우 어렵습니다. 그렇기 때문에 전문가가 몇 차례에 걸쳐 문진과 검사를 거듭해 시간을 들여 신중하게 진단을 실시하는 것이 관례입니다.

진단은 때때로 주관적이고 유동적인 것이다

ASD, ADHD의 진단 방법을 앞에서 설명했습니다. 이러한 과정을 통해 굳이 알리고 싶은 것은 **진단은 때때로 주관적이고 유동적인 것이라는 것입니다.** 즉 한 번 진단이 내려졌다고 해서 "평생 이 아이는 발달장애인거야" "장애로 인해, 계속해서 살기 어려울 거야"라고 생각할 필요는 없다는 것입니다.

진단에 관한 질문에는 당사자인 아이가 아니라 대부분의 경우, 부모님 등 '주위 사람'이 대답합니다. **즉 질문에 대한 대답은 '주위 사람의 주관'에 의해 만들어지는 것입니다.**

예를 들어 아이가 학교에서 여러 가지 문제행동을 하고 있다고 교사로부터 지적을 받아 고민하고 있는 엄마가 있다고 합시다. "우리 아이는 학교에서 안 좋은 행동만 하고 있어"라는 엄마의 필터를 통해 아이를 보면, 아이의 문제행동은 평소보다 더욱 두드러져 보일 수 있습니다. 그러한 타이밍에 진단을 받고 의사로부터 아이의 모습에 대해 질문을 받게 되면, 마이너스 부분을 두드러지게 대답하는 경우도 있을지도 모릅니다. 그렇게 되면, 진단 결과는 "발달장애 가능성이 높다"가 되기도 합니다. 특히 ADHD 검사에서는 이러한 위험성이 높아지는 경우가 많습니다.

또한 발달장애는 증상이 드러나는 '정도'가 있기 때문에, "진단은 유동적인 것이다"라고 하는 것도 염두에 둬야 합니다. 아이에 따라서는 증상의 출현이 일정하지 않은 경우도 있기 때문에, **때에 따라 진단 결과가 다를 가능성도 없다고는 할 수 없습니다.**

예를 들어 긴장이나 스트레스가 많으면 일시적으로 아이의 머릿속에서 소리가 증폭될 수 있습니다.

필자가 진료한 아이 중에도 소리에 과민한 아이가 있었습니다. 처음 만났을 때는 음악 시간이었는데, 주변 아이의 리코더 소리를 견디지 못하고 수업에 참가할 수 없을 정도로 소리에 대해 과민했습니다. 그렇다고 그 아이가 초등학교 6년간, 계속 음악 수업에 참가할 수 없었던가 하면 그렇지는 않았습니다.

귀의 내이에 들어온 소리는 스트레스가 높을수록 증폭되어 과도하게 뇌에 울립니다. 이것은 성인과 어린이 모두 공통입니다. 즉 스트레스나 불안이 강할 때 전두엽으로 소리를 인지하게 되면, 실제로 듣고 있는 소리보다 큰 소리로 인지하는 경우가 있습니다.

또한 아이 자신의 발달의 힘도 있습니다. 잡다한 소리를 너무 많이 받아들이지 않도록 듣고 싶은 소리를 선택하는 뇌의 힘은 조금씩 발달해나가는 것입니다. 이 부분이 발달되지 않으면 소리가 지나치게 시끄럽게 들릴 수 있습니다.

리코더가 시끄럽다고 음악실에 있을 수 없었던 앞에서 언급한 아이도, 생활을 바꾸고 스트레스를 줄임으로써 1년 후에는 "이제, 시끄럽지 않게 되었으니까"라면서 음악 수업에 참여할 수 있게 되었습니다. 이런 예와 같이 절대적인 소리의 크기나 질이 변하지 않아도 본인에게 들리는 소리가 바뀔 수 있습니다.

앞의 사례로 설명하면, 1년 전에는 감각 과민 증후가 강하게 드러나고 있었으므로 의사가 진단을 내릴 때는 여기에 크게 주목했을지도 모릅니다. 그러다가 **1년 후 증상이 거의 사라지고 있는 상태에서 의사의 진단을 받으면, 감각 과민에 관해서는 거의 문제가 되지 않을 것입니다.**

부모님 중에는 '발달장애의 진단이 붙으면, 평생 계속 변하지 않는다'라고 생각하시는 분도 있는데, 실제로는 다릅니다. 불필요한 생각에 얽매여 있지 않기 위해서라도, 진단은 주관적이고 유동적이라는 것을 늘 생각해주셨으면 합니다.

제 2 장

유사발달장애에서
벗어나는 방법

유사발달장애를 알아차린 순간, 그때가 바뀔 기회

제1장에서는 '유사발달장애'에 대해 해설했습니다. 제2장에서는 뇌 발달에 대한 이야기를 중심으로 '유사발달장애의 증후를 개선하기 위한 대책'을 정리하려고 합니다.

그 전에 반드시 기억해야 할 사항이 있습니다. 그것은 '지금 아이의 상태가 전부는 아니다'라는 것입니다.

뇌는 계속 성장합니다. 즉 어렸을 때 신경 쓰이는 행동이 있었다고 해서, 일생 그것이 계속된다고는 할 수 없습니다. 뇌가 성장하고 발달의 불균형이 눈에 띄지 않게 되면, 앞의 사례와 같이 진단이 내려져도 증후가 완화되는 경우가 있을 수 있습니다. 성장 속도는 사람마다 다르지만 모두 성장하고 있기 때문입니다.

또한 뇌과학 연구에 따르면 태어난 날부터 죽는 날까지 뇌 내에서는 신경망(세포의 연결)이 계속 만들어지고 있는 것으로 알려져 있습니다. 즉 몇 살이 되어도 언제라도 뇌세포의 연결을 늘릴 수 있다는 것입니다. 뇌세포의 연결이 늘어나면 뇌는 성장합니다. 이처럼 뇌가 바뀔 가능성을 '뇌의 가소성'이라고 부릅니다.

그러므로 신경 쓰이는 행동을 하고 있는 아이의 지금의 상태가 20세, 30세까지 계속해서 이어져 가는 것은 아닙니다. 아이가 발달장애 진단을 받으면, 부모님 중에는 큰 충격을 받는 분도 있지만, 우울할 필요는 없습니다. 이제부터 아이와 함께 뇌를 성장시킬 수 있다고 기대해주셨으면 합니다.

또한 아이의 지금 행동이 유사발달장애로 인한 것이라면, 태어나면서부터의 뇌의 불균형(발달장애)과는 사정이 조금 다릅니다. 그렇기 때문에 변화의 속도는 빠르다고 할 수 있습니다. '우리 애가 유사발달장애일지도…'라고 알아차린 순간, 아이와의 생활을 재검토할 기회로 여기도록 합시다.

뇌가 발달하는 순서는
그 누구라도 다르지 않다

유사발달장애를 개선한다는 것은, 즉 '아이의 뇌 육아'를 하는 것입니다. 뇌 육아라고 하면 힘든 것처럼 보일지도 모릅니다만, 특별한 훈련 등은 필요 없습니다. 왜 그러한지 설명하기 위해, 먼저 뇌가 자라는 메커니즘에 대해 이야기하겠습니다.

인간의 뇌는 태어나면서 약 18년에 걸쳐 다양한 기능을 획득하면서 발달합니다. 그리고 뇌의 발달 순서는 어떤 사람이라도 같습니다.

최초로 발달하는 것은 뇌의 가장 중심에 있는 '몸의 뇌', 그다음이 대뇌에 있는 '영리한 뇌', 마지막으로 자라는 것이 전두엽에 있는 '마음의 뇌'입니다. 지금부터 각 기능과 장소에 대해 간략하게 설명하겠습니다.

몸의 뇌

몸의 뇌는 뇌간과 간뇌, 소뇌, 편도체 등에 해당하는 부분으로 사람이 자연계에서 사는데 빼놓을 수 없는 기능을 담당하고 있습니다. 살기에 꼭 필요한 기능은 다음과 같습니다.

● 호흡, 체온 조절, 몸을 움직이는 것

몸을 움직이거나 호흡하는 것, 자세를 유지하기·체온 조정 등은 몸의 뇌의 작용에 따릅니다. 그러므로 여기가 제대로 자라지 않으면 자세가 유지되지 않거나 운동이 서툴러집니다.

몸을 움직일 수 없으면 위험이 다가올 때 도망칠 수 없고, 몸의 안전을 지킬 수 없습니다. '스스로 움직인다'라고 하면 누구나 할 수 있는 간단한 것 같지만 생명을 지키기 위한 기본적인 일입니다.

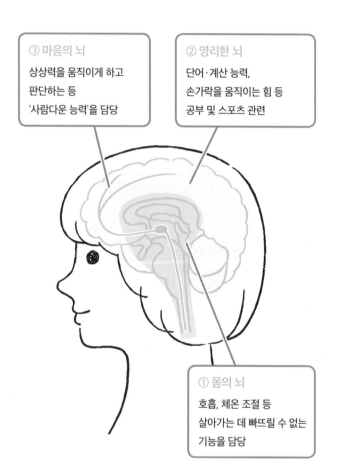

뇌가 자라는 순서

③ 마음의 뇌
상상력을 움직이게 하고
판단하는 등
'사람다운 능력'을 담당

② 영리한 뇌
단어·계산 능력,
손가락을 움직이는 힘 등
공부 및 스포츠 관련

① 몸의 뇌
호흡, 체온 조절 등
살아가는 데 빠뜨릴 수 없는
기능을 담당

① 몸의 뇌 → ② 영리한 뇌 → ③ 마음의 뇌 **순서로 자라는 것이 중요**

● 일어나고 자는 것

사람의 생체리듬을 조정하는 체내시계가 여기에 있으며, 이 시계에 맞게 자율신경 등의 기능이 작동하고 인간은 자거나 일어나고 있습니다.

자고 있는 동안의 체온은 평소보다 낮은 상태입니다. 체내 시계의 기능에 의해, 일어나는 시간이 되면 체온이 올라 자연스럽게 일어날 수 있습니다.

또 밤이 되고 어두워지면 몸의 뇌에 있는 송과체에서 멜라토닌이라는 졸리기 위한 호르몬이 나옵니다.

몸의 뇌에 있는 체내시계 작동으로 사람은 낮에 활동하고 밤에는 쉬는 리듬이 형성되어, 주행성 동물로서 살 수 있습니다.

● 먹는 것

먹는 것은 매우 중요한 행위입니다. 사람은 먹고 영양을 섭취하지 않으면 살 수 없습니다. 실은 '식욕이 샘솟는다'는 것도, 몸의 뇌가 제대로 일하기 때문입니다. 위가 비어 있음을 감지하고 "먹어라"고 지시를 내리는 것도 몸의 뇌의 작용입니다.

● 감정을 생산하는 것

편도체의 작용에 의해, 지금 일어나고 있는 사건에 대해 유쾌인지 불쾌인지를 느낄 수 있습니다. 불쾌하고 위험한 상황이라고 알면 위험을 피하고 도망치고, 무기를 가지고 싸우는 등의 행동을 할 수 있습니다.

몸의 뇌의 작용으로 사람은 자신의 몸을 지키고 살아갈 수 있습니다. 이렇게 살아가는 데 가장 중요한 뇌는 0~5세 사이에 활발하게 자랍니다. 몸의 뇌가 자라지 않으면 다음에 설명하는 '영리한 뇌'도 '마음의 뇌'도 자라지 않습니다.

영리한 뇌

영리한 뇌란 대뇌와 소뇌를 가리킵니다. 몸의 뇌를 덮고 있는 주름 부분으로, 우리가 '뇌'를 떠올릴 때 제일 먼저 떠오르는 부분입니다.

● 말을 사용하는 능력

영리한 뇌의 작용으로 말을 획득하고 말할 수 있습니다. 또한 문자를 읽을 수 있는 것도 영리한 뇌 덕분입니다.

● 계산·기억에 관한 능력

학교에서 배운 듯한 계산을 하는 능력, 한자를 기억하는 등 기억하는 능력도 영리한 뇌가 담당하고 있습니다.

● 지식을 축적하고 그것을 사용하고 생각하는 능력

지식이나 정보를 축적해 그 지식이나 정보를 필요할 때마다 꺼내어 생각을 정리하는 것도 영리한 뇌의 일입니다. 그것은 공부에 관련된 것만이 아닙니다. "물건을 훔쳐서는 안 된다" "사람을 다치게 해서는 안 된다" 등 사회의 규칙과 상식도 영리한 뇌에 축적됩니다. 여기에 축적된 상식과 사회의 규칙이 그 사람의 생각의 축이 됩니다.

● 손가락을 움직이는 능력

'손가락 등의 미세한 운동'도 영리한 뇌의 작용에 의한 것입니다. 걷기나 달리는 등의 큰 움직임은 몸의 뇌의 작용이지만, 손가락을 움직여 물건을 만들거나, 공을 목표하는 곳으로 던질 때 필요한 '세세한 움직임'은 영리한 뇌의 작용으로 할 수 있게 됩니다.

영리한 뇌는 1~18세 정도까지 시간이 걸려 발달합니다. 자라서 가장 빨리 사용될 수 있게 되는 것은 6세 이후로 초·중학생 시기에 크게 성장합니다.

마음의 뇌

마음의 뇌는 전두엽(뇌의 앞쪽 부분)에 해당합니다. 또한 '몸의 뇌에서 전두엽으로 이어지는 신경 회로'도 마음의 뇌의 일부입니다.

주된 기능은 상상력을 작동시키는 것, 판단하는 것, 감정을 조절하는 것, 사람을 배려하고 행동하는 것 등 바로 '사람다운 능력'을 담당하는 부위입니다.

● 감정과 충동을 억제하고 차분히 생각하는 능력

어린 아이는 싫다고 느끼면 큰 소리로 싫어하고, 재미있다고 생각하면 놀이에 몰두합니다. 바로 감정에 솔직하게 살아가는 것입니다. 이것은 마음의 뇌가 미발달하기 때문이기도 합니다. 돌발적인 감정·충동을 만드는 것은 몸의 뇌인데, 거기에 브레이크를 거는 것이 마음의 뇌입니다. 몸의 뇌에서 돌발적인 감정이나 충동이 발생했다고 해도, 전두엽이 일하면 기분이 침착해지고 차분히 생각하거나 충동적으로 행동하는 것이 없어집니다.

● 논리적 사고력

마음의 뇌가 자라면 논리적 사고력도 자랍니다.

예를 들어 가족이 아파서 혼자서 친척 집에 지내러 가야 할 때, '가족과 떨어져 멀리 가서 지내야 한다니 무서워'라고 몸의 뇌에 있는 편도체로 느낍니다.

그 무서워하는 감정은 신경회로를 통해 전두엽으로 이동합니다. 하지만 거기서 마음의 뇌가 작동하면 "가족은 가까이 있지 않지만 신뢰할 수 있는 아저씨와 아줌마와 사촌이 있으니까 분명 괜찮아"라고 논리적으로 생각하고 무섭다는 감정을 억제할 수 있습니다.

● 의사소통을 원활하게 하는 능력

자신은 '공 놀이를 하고 싶다'고 생각하고 있었는데 주위 친구에게 "공 놀이는 하고 싶지 않다"라고 들었을 때가 있습니다. 마음의 뇌가 나올 차례입니다. 공 놀이를 하고 싶다는 마음에 브레이크를 걸어, 상대의 입장을 상상해 "공 놀이가 아니라, 무엇을 하고 싶어?"라고 의견을 묻고, 함께 놀 수 있는 방법을 찾아내려고 합니다. 바로 이 모든 것이 마음의 뇌의 작용입니다. 이렇게 사람은 원활하게 의사소통을 할 수 있습니다.

마음의 뇌는 10~15세에 걸쳐 만들어져 18세 전후까지 계속 발달합니다.

사실 마음의 뇌는 영리한 뇌에 지식이나 정보 등의 기억이 충분히 축적되고 나서, 그들을 전두엽으로 통합해가는 형태로 발달합니다. 즉 영리한 뇌가 발달하지 않으면 마음의 뇌도 발달하지 않습니다. 마찬가지로 인간의 기본적인 움직임을 뒷받침하는 몸의 뇌가 자라지 않으면, 영리한 뇌가 잘 자라지 않는다는 것도 연구를 통해 잘 알려져 있습니다.

따라서 '몸의 뇌 → 영리한 뇌 → 마음의 뇌'의 순서로 뇌의 부위를 키워가는 것이 건전한 뇌 발달에 빠뜨릴 수 없는 것입니다.

뇌의 성장 균형이 무너지면
유사발달장애가 된다

좀 더 상상하기 쉽도록 뇌 발달을 '집 만들기'에 비유해봅시다.

집 전체를 지지하는 1층이 몸의 뇌입니다. 몸의 뇌 위에 올리는 2층은 영리한 뇌이고, 몸의 뇌와 영리한 뇌를 연결하는 계단의 역할을 하는 것이 마음의 뇌입니다. 사회에서 살아가기 위해 필요한 힘(사회적 의사소통 능력 등), 발달장애인이 서툰 바로 그 힘은 몸의 뇌 위에 세워진 2층 부분, 또는 계단 부분에 있습니다. 뒤에 나오는 일러스트 같이 **기초가 되는 몸의 뇌가 형성되어 있지 않으면, 영리한 뇌와 마음의 뇌는 확실히 그곳에 있을 수 없습니다.**

앞에서 몸의 뇌가 활발하게 자라는 것은 5세까지라고 했습니다. 이 시기는 우선적으로 몸의 뇌를 키우는 시기입니다. 그러나 이 시기에 조기교육 등으로 영리한 뇌만 자극하게 된다면, 기초가 잘 자라지 않는 경우가 있습니다. 기초가 제대로 되어 있지 않으면 균형이 무너지기 쉽고, 장래에 어떤 일이 있을 때에 집 전체가 무너져 버리는 일도 있습니다. 즉 몸의 뇌가 제대로 자라지 않으면 뇌 전체의 균형이 무너질 수 있습니다.

뇌 균형이 무너지면 '침착하지 않다' '집단행동이 안 된다' '실수나 분실물이 많다' 등의 행동이 나오거나, 학교생활 등이 잘 되지 않게 되는 일이 발생합니다. 사실 이러한 행동이 발달장애에서 나타나는 증후와 매우 비슷하기 때문에 **몸의 뇌가 자라지 않은 아이를 '발달장애'라고 착각해버리는 일도 흔히 있는 것입니다.** 이것이 바로 유사발달장애라고 말할 수 있는 것입니다.

이렇게 뇌 발달의 순서를 알면, 저연령의 아이에 대한 견해가 조금 바뀌지 않을까요? 상상력 등을 담당하는 마음의 뇌는 10세 이후에 완성한다고 했습니다. 즉 10세 이전의 아이는 이러한 부분이 자라지 않는 게 당연한 것입니다. 5세, 8세에서는 정도의 차가 있지만 '사람의 기분을 상상할 수 없는' '논리적으로 생각할 수 없는' 경우가 있습니다. 그렇다고 10세 이하의 아이에게 '곧잘 친구를 때리니까' '분위기 파악을 못하니까' 등의 이유로 '우리 아이가 발달장애일지도…'라고 생각하는 것은 위험합니다. 저연령(10세 이하)은 뇌의 완성형에 아직 이르지 않았다는 것을 알아두셨으면 합니다.

뇌를 재구성하는
한 가지 방법

여기까지 읽고 우리 아이는 어렸을 때부터 교과 외 활동을 너무 많이 시켜서, 뇌 균형이 이미 무너져 있을지도 모른다는 생각이 들 수도 있겠지만, 걱정할 필요가 없습니다.

뇌는 몇 살 때든 언제라도 다시 만들 수 있기 때문입니다. 특히 발달이 눈에 띄는 아이라면 즉시 바뀝니다. 그렇다면 무엇을 해야 할까요?

실행했으면 하는 방법이 '생활 개선'입니다. 생활을 개선하면 다음과 같은 효과가 있습니다.

① 몸의 뇌를 재성장시키고 뇌의 균형이 잡힌다

② 세로토닌 신경을 발달시킨다

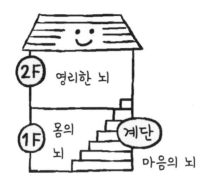

기초(몸의 뇌)가 확고하다면 집 전체가 안정된다.

기초가 형성되어 있지 않으면…?

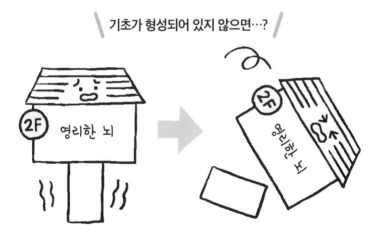

균형이 무너지기 쉽고, 무슨 일이 생기면 집 전체가
무너져 버리는 일도 있다.

③ 수면이 안정된다

앞의 세 가지 일이 일어나면 유사발달장애 아이라도 언행이 빠르게 바뀝니다.

순서대로 설명하겠습니다.

① 몸의 뇌를 재성장시키고 뇌의 균형이 잡힌다

몸의 뇌를 키우는 데 가장 중요한 것은 오감의 자극입니다. 오감이란 미각, 후각, 시각, 촉각, 청각을 말합니다. 오감으로부터의 자극을 제일 효율적으로 많이 할 수 있는 것이 '규칙적이고 올바른 생활의 반복', 즉 규칙적인 생활로 개선함으로써 뇌를 재성장시키는 좋은 자극을 얻을 수 있습니다. 되돌아보면 우리의 삶 중에는 시각에서 후각까지 다양한 좋은 자극이 있다고 생각하지 않습니까?

아침만 보면 커튼을 열고 들어오는 아침 햇살(시각), 요리를 하는 중의 소리(청각), 아침을 먹는 것(후각, 미각, 시각), 외출 전에 부모님과 자식 간에 하이파이브(촉각) 등 셀 수가 없습니다. 알다시피 이러한 자극이 많을수록 몸의 뇌가 발달합니다. 가능하면 5세까지 이러한 자극을 많이 주고 싶지만, 일부라도 좋은 자극을 바탕으로 몸의 뇌를 재성장시키는 것은 가능합니다.

이런 이야기를 하면, "생활 리듬이 미쳐 있어도, 자극은 많이 받을 수 있어요"라고 말하는 분이 있습니다. 하지만 자극이라고 뭔지 좋지는 않습니다. 게임이나 스마트폰 앱을 밤 늦게까지 사용하는 것을 두고 "이것으로 시각이나 청각에 자극을 받았다"라고 생각하는 것은, 당연히 큰 실수입니다.

원래 인간은 주행성 동물입니다. 야행성 동물처럼 어두운 가운데서도 눈이 보이거나 활동할 수 있는 구조로 되어 있지 않습니다.

낮 동안 움직이고 밤에는 잠자는 동물인 것입니다. 이 본래의 사람으로서의 리듬 속에서 얻을 수 있는 자극이 뇌를 성장시키는 자극입니다.

이러한 사람으로서 합리적인 자극을 뇌에 넣는 것으로, 몸의 뇌 속에 있는 체내시계가 정상적으로 움직이고, 체내 환경을 정돈하는 중요한 물질을 필요할 때 꺼낼 수 있게 됩니다. 이것이 몸의 뇌를 재성장시킨다는 것입니다.

② 세로토닌 신경을 발달시킨다

'세로토닌'이라는 말을 들어본 적이 있습니까? 몸과 마음을 안정시켜, 안심·안전한 기분을 만들어내는 '행복 호르몬'이라고도 불리는 신경전달 물질입니다. 세로토닌 신경은 몸의 뇌에서 영리한 뇌를 지나 마음의 뇌까지 지나고 있습니다. 모든 뇌에서 중요한 일을 하고 있는 것입니다. 그 때문에 세로토닌 신경을 기르는 것은 몸의 뇌도, 영리한 뇌도, 마음의 뇌도, 모든 일이 잘 되는 것입니다.

〈세로토닌 신경의 작용〉

· 몸의 뇌: 자세, 수면, 호흡, 자율신경 등 대부분의 일을 한다.
· 영리한 뇌: 기억이나 인지와 관련이 있다.

뇌의 넓은 범위에 신경을 늘리고 있다

신경 세포가 모이는 부분

- 마음의 뇌: 몸의 뇌에서 나온 불안과 공포 등의 정서를 달래고 '안심감'을 유발한다.

세로토닌 신경을 발달시키는 데 중요한 것도 규칙적인 생활입니다. 아침에는 햇빛을 받고 밤에는 방을 어둡게 해서 잡니다. 이러한 생활을 하는 것으로 뇌 내에서 세로토닌 신경 연결이 많이 생성됩니다. 세로토닌 신경 연결이 확실해지면 몸의 뇌도 정상적으로 일하고, 좋은 상태로 있을 수 있고, 곤란한 일이 일어나 불안해져도, 그것을 해소하는 생각을 스스로 짜낼 수 있다고 합니다. 유사발달장애에게 자주 있는 '자세가 무너진' '침착하지 않은' 등도 개선해나갈 수 있습니다.

③ 수면이 안정된다

생활 리듬이 개선된다는 것은, 즉 확실하게 수면을 취하게 된다는 것도 있습니다. 자는 것은 살아가는 데 정말로 중요한 것입니다. "자는 시간이 아까워 공부했다"라고 들으면 '대단해!'라고 생각하는 사람도 있을지도 모르지만, 필자는 그렇게 생각하지 않습니다. 자는 것을 소홀히 하면, 아이는 물론 성인에게도 적지 않은 영향을 미칩니다. 왜냐하면 수면은 생명을 지키는 데 필수 불가결한 생리 현상이기 때문입니다.

자세한 것은 뒤에 제3장에서 설명하겠습니다만, 수면을 바꾸는 것으로 몸도 마음도 건강하게 되어 유사발달장애 상태에서 빠져나온 아이가 많습니다. **수면 부족이 아이의 신경 쓰이는 언행을 일으키고 있다고 해도 과언이 아닙니다.**

생활 개선에 빠뜨릴 수 없는 세 가지 포인트

생활을 개선하는 것이 중요하다는 것은 알았지만, 무엇을 해야 할지 모르는 분을 위해 여기에서 생활 리듬을 정돈하는 포인트 세 가지를 간단하게 정리하겠습니다.

자신의 생활을 되돌아보면서 꼭 도입하시기 바랍니다.

1. 아침 햇살을 받는다

사람의 생체리듬을 조절하는 생체시계는 지구의 자전 1회분의 시간보다 조금 긴 시간으로 설정되어 있습니다. 그 어긋남을 조정하기 위해서 아침에 일어나면 태양의 빛(자극)을 눈에 넣어 아침임을 뇌에 알리고, 생체시계를 리셋하는 것이 중요합니다. 이렇게 하지 않으면 생체시계에 이상이 발생합니다. 또한 아침 햇살을 받으면 뇌 내의 세로토닌 양이 증가하고 세로토닌 신경도 단단히 연결됩니다.

2. 충분히 잔다

제3장에서 자세히 설명하겠습니다만, 질·양 모두 높은 수준의 수면을 취하는 것으로 생활 리듬이 정돈됩니다. 초등학생의 경우 밤 10시에는 숙면 상태가 되어 있는 것이 이상적입니다. 아무리 늦어도 밤 10시 전에는 침대에 들어갈 수 있어야 합니다.

아침 햇살을 받는다

충분히 잔다

규칙적인 시간에 먹는다

3. 규칙적인 시간에 먹는다

아침에 일어나 식욕이 없다면 생체시계에 이상이 발생하여 몸이 정상적으로 작동하지 않고 있다는 증거입니다. 수면을 확실히 취하면, 아침에 일어나서 자율신경이 활발해지고 뇌가 배고픈 것을 의식합니다. 규칙적인 시간에 제대로 식사를 하면 몸의 뇌를 자극할 수 있습니다. 특히 아침밥을 제대로 먹으면 생체시계가 자극되어 제대로 움직입니다. 생체시계가 움직이면 아침 식사를 먹은 후에 변이 나올 것입니다. 아침 배변이 없다면 그것도 주행성 동물로서 생체시계가 작동하지 않는 증거라고 할 수 있습니다.

어떠십니까? 당연한 일일지도 모르지만 실제로 하고 있는 사람은 적다고 생각합니다. 사람으로서 당연한 생활을 하는 것이 생활 리듬을 개선하는 것이기도 합니다.

아이들에게 생활 이외에
중요한 것은 없다

아이가 어렸을 때 특히 규칙적인 생활 이외에 우선하는 것
은 아무것도 없습니다. 교과외 활동은 생활 속에서 여유가
있으면 할 정도가 좋지 않을까요?

규칙적인 생활 리듬과는 조금 다른 이야기지만, 충실하게 생
활하는 아이에게 배움이나 성장의 기회가 더 있습니다.

저는 '육아교육 엑시스'에 방문하시는 부모님에게 "아이에
게 역할을 주세요"라고 자주 권하고 있습니다. 역할은 아이
의 나이에 맞고 할 수 있는 것이면 좋겠지만, 그 아이가 하지
않으면 다른 가족의 생활에 지장을 초래하는 것도 좋을 것
입니다.

예를 들어 식후 설거지, 빨래, 쓰레기 배출… 뭐든 상관 없
습니다. 아이와 토론해서 역할을 결정하면 계속 해달라고 합
니다. 만약 아이가 꾀부리고 하지 않더라도 부모님이 절대

대신하지 않아야 합니다. 이때 굳은 결심을 해야 합니다. 예를 들어 설거지가 아이의 역할인데 아이가 꾀부리고 하지 않고 있으면, 식사 후 식기는 씻지 않고 계속 방치되는 것입니다. 부모님은 얼른 설거지를 하고 싶겠지만 참아야 합니다. 이렇게 되면 다음 식사를 준비할 수 없기 때문에 가족은 곤란해집니다. 아이에게도 이것을 직접 체험시켜, 조금씩 자신의 생활을 관리하고, 조절하는 연습을 하는 것입니다. **이것은 자기 제어력을 키우는 훈련도 됩니다.** 아이도 때로는 설거지를 하고 싶지 않은 날이 있을 것입니다. 그렇지만 식기를 씻지 않으면 자신을 포함해 곤란한 사람이 있기 때문에, 어쩔 수 없이 '자기 전에 설거지를 할까…'가 되는 것입니다. 이처럼 자신이 하고 싶은 것보다 해야 할 일을 우선시하는 훈련을 일상에서 실시하면, 자신의 기분이나 행동을 조절하는 데 필요한 힘을 기르게 됩니다.

그리고 여기에서 얻을 수 있는 것은 자기 제어력뿐만이 아닙니다. "하고 싶지 않은 기분을 이기고 설거지를 할 수 있었다" "설거지를 한 것으로 가족에게 고맙다는 말을 들었다"

같은 '성취경험'이 아이의 자기긍정감도 기르는 것입니다. 가정에서 매일 조금씩 길러진 자기긍정감은 어찌 보면 별 것 아닐 수도 있습니다. 하지만 그것은 쉽게 사라지지 않고 아이를 평생 강하게 지지해줍니다. 뭔가 곤란한 일이 일어나도 '나라면 괜찮아. 제대로 먹고 자고, 어렸을 때부터 해온 것처럼 내 주변을 정돈하며 생활하고 어떻게든 할 수 있어'라는 식으로 생각할 수 있는 힘이 되는 것입니다. 그런 인간으로서의 기초, 그리고 자신을 믿는 힘을 키우는 데 가장 좋은 장소는 '생활의 장소' 이외에는 없다고 저는 생각합니다.

아이가 스스로 할 수 있는 일이 늘어나면, 아이는 자신감을 갖고 '스스로 할 수 있는 것이 기쁘다'라는 감각도 몸에 익히게 됩니다. 게다가 부모님이 해야 하는 일이 줄어듭니다. 그런데 수면 시간을 줄여가며 혼자서, 혹은 어른들끼리만 요리나 가사를 전담하고 있는 부모님이 많습니다. 이것은 아이의 성장 기회를 놓치고, 자신의 수면 시간도 줄이는 것입니다. 이렇게 해서는 전혀 좋은 일이 없습니다. 아이에게 맡기는 것이 잘못된 것이 아닙니다. 오히려 조금씩 맡겨 보는 것이 아이에게 중요한 일입니다.

당장 시작할 것은
부모님의 생활 개선

자녀의 생활을 개선하는 것은 부모님의 생활을 개선하는 것입니다. 왜냐하면 아이의 생활은 부모님의 생활과 밀접하게 관련되어 있기 때문입니다. 예를 들어 어린이집에 다니고 있는 가정에서는 아무래도 '부모님이 어린이집에 보내는 시간이나 하원 시간'에 의해, 아이의 생활 리듬이 정해져 버립니다. 부모님의 야근으로 인해 하원이 늦어지면, 아이가 어린이집에서 돌아오는 시간도 늦어집니다. 그러면 그 후의 생활도 어긋나게 됩니다(이런 경우 수면 시간을 줄이지 않기 위해 가능한 한 간단하게 식사를 끝마치고, 빨리 잠자리에 드는 것을 추천합니다).

또 아이는 주위에 있는 어른을 우리가 생각했던 것보다 잘 관찰하고 잘 모방합니다.

가장 친밀한 어른인 부모님의 생활 리듬이 흐트러지면, '그것이 일상적'이라고 생각해버리는 것입니다. 부모님이 입에서 "빨리 자"라고 말했다고 해도, 아이의 안에는 흐트러진 생활 리듬의 싹이 돋아나 버릴 것입니다.

일이나 요양 등 여러 가지 이유로 어려운 일도 있을 것입니다. 가능한 한 부모님의 생활 리듬도 정돈하도록 의식합시다. 그래도 "시간이 없기 때문에 리듬이 무너지는 것은 어쩔 수 없습니다!" "잔업하지 않으면 일이 돌아가지 않습니다!"라고 말씀하시는 경우가 있습니다. 그래서 추천하고 싶은 것은 만약 지금이 야행성 생활이라면, 아침형 생활로 전환하는 것입니다. 아침부터 집안일이나 일을 하는 편이 머리가 각성되어 의욕도 있으므로 능률도 오릅니다. 능률이 오르면, 가사·일 등 해야 할 일이 끝나는 시간이 빨라져 생활 리듬이 정돈됩니다.

또한 가사와 일뿐만 아니라 자유 시간에 관해서도 아침에 하는 것이 좋습니다. 마음을 진정시키고 의욕의 근원이 되는 '행복 호르몬'인 세로토닌 분비의 절정은 아침 5~7시로 알려져 있습니다. 이 시간에 일어나서 아침 햇살을 받고 활동할 수 있으면, 좌절감이 줄어 행복한 기분으로 하루를 보낼 수 있습니다. 아이들과 가족 모두에게 여유 있게 마주할 수 있습니다.

우선 부모님이 솔선수범하여 생활 리듬을 정돈하는 것, 일 가족이 모여 아침에 일찍 일어나서 아침 햇살을 받고 가족끼리 식탁에 둘러앉는 것부터 시작합시다.

유사발달장애는 부모님과 자식의 상호작용에서 시작한다

집에서 자녀와 충분한 의사소통을 하고 있습니까?

부모님과 자식의 의사소통 부족이 유사발달장애로 연결되는 것이 적지 않습니다. '부모님과 자식 간에 의사소통이 부족하다'라고 하면 이상하게 보일지도 모릅니다. 하지만 이것은 실제로 일어나고 있는 것입니다.

읽고 쓰는 것은 별도로 하더라도 구어 습득은 대부분 모방에 따릅니다. 아이는 주위 사람이 어떻게 입을 움직이고 소리를 내고 이야기하고 있는지를 보고, 그들을 모방하면서 말을 습득하는 것입니다. 그런데 만약 부모님이 자녀에게 말을 거는 빈도가 낮으면 어떻게 될까요?

얼굴을 맞대고 말할 기회가 적을수록 아이가 어휘를 획득하는 것은 느려집니다.

2020년 일본 어린이들의 평균 언어 및 사회성 발달 지수가 크게 감소했다는 데이터도 있습니다. 아마도 코로나바이러스 대유행으로 인해 모두가 마스크를 착용하기 시작했기 때문일 것입니다.

말이 늦어지면 발달장애가 의심되는 경우가 있습니다만, 실은 그것이 의사소통 부족으로 인한 경우도 있습니다.

다음은 2세 소녀, N양의 사례입니다.

N양은 2세가 되었는데도 전혀 말이 나오지 않았고, 상당한 편식이 있었으며, 어린이집에서는 귀를 막고 구석에 있는 상태였습니다. 엄마는 매우 상심한 상태로 '육아과학 엑시스'를 방문했습니다. N양의 모습만 보면, 전형적인 ASD로 생각되었지만, 발달 성취에 대해 들으면 진단 기준에는 적용되지 않았습니다.

자세한 이야기를 들어보니, 지금의 집에는 이사를 온 지 얼마 되지 않아서 동네에 아는 사람이 없다는 것을 알게 되었습니다. 거기다 아버지는 바쁘기 때문에 완전히 이른바 '독박육아'였던 것 같습니다. 토요일, 일요일 등의 낮에는 N양은 엄마와 둘이서만 보내고 있었습니다. 엄마는 원래 과묵한 사람이었던 것과 외로움으로 인해 우울한 상태였고, N양과 둘이 있을 때도 텔레비전을 보여줄 뿐 거의 말을 걸지 않았다는 것이었습니다.

그래서 저는 육아지원센터에 부모님과 자식이 함께 갈 것을 제안했습니다. 그랬더니 반년 정도 후 N양이 말을 하기 시작했고, ASD의 증후도 나아졌고, 어린이집에도 건강하게 다닐 수 있게 되었다고 합니다.

N양이 침착해진 것은 사실 엄마가 변했기 때문입니다.

육아지원센터에서 N양의 엄마는 비슷한 연령의 아이를 키우는 분과 대화를 할 수 있게 되었고, 그 결과 우울한 상태가 나아졌던 것이었습니다. 그래서 자연스럽게 엄마와 N양의 대화도 늘어나, N양이 말을 하기 시작하였고 생활 태도까지 바뀐 것입니다.

아이는 엄마의 표정과 분위기를 민감하게 읽습니다. 엄마가 안정된 상태에서 아이와 웃는 얼굴로 의사소통을 하면, 아이도 똑같이 변화할 수 있습니다.

아이를 꾸짖는 것을
그만두면 잘된다

육아에 고민이 있어 매일의 생활이 힘들고, 나아가 타인으로부터 아이의 언행에 대한 문제를 지적받게 된다면, 어떻게 될까요? 이런 상태에서 좌절하거나 불안해지거나 하는 것은 당연합니다. 좌절하고 있을 때 아이가 이야기를 듣지 않거나 같은 실수를 반복하거나 하면, 심한 말로 주의를 주는 일도 있을 것입니다. 하지만 아이를 가혹하게 꾸짖는 것은 의미가 없습니다.

아이는 꾸짖으면 불안과 공격성이 증가합니다. 이렇게 되면 활동성이 떨어지고, 아이의 그 무엇에 대해서도 성과가 나오기 어려워집니다. 또한 **불안과 공격성에서 나온 행동**(침착하지 않고, 곧장 화를 내고, 친구와 의사소통을 잘할 수 없는 등) **때문에 '발달장애'로 오인될 수도 있습니다.**

불필요하게 꾸짖는 것은 대부분 무의미합니다. 부모님이

말하는 것을 듣지 않고, 반항하는 것에 대해서는 꾸짖어도 거의 고쳐지지 않습니다. 꾸짖으면 반발만 강해질 뿐입니다.

사람으로서 절대 양보할 수 없는 것, 사람을 상처주거나 사람의 물건을 훔치는 것, 생명을 위협하는 것, 사회의 규칙을 위반하는 것 등은 제대로 꾸짖어야 합니다. 하지만 그 이외에는 가급적 꾸짖지 않는 것이 좋습니다.

"그렇게 말씀하셔도 꾸짖지 않는 것은 매우 어렵습니다…" 라는 분들에게, 꼭 시도해보셨으면 하는 대화법을 소개하도록 하겠습니다.

예를 들어 방을 정리하지 않는 아이에게 "정리해!"라고 하는 것이 아니라, 다음과 같이 말하는 것은 어떻습니까?

"○○는 방이 더러워져도 괜찮아? 엄마는 깨끗한 편이 차분해지는 것 같은데. 정리하지 않으면 물건을 찾는 것도 어렵지 않을까?" 등 아이를 부정하지 않고 말해보는 것입니다. 그렇게 하면, "그건 그래요, 나도 그건 좋지 않다고 생각하고 있는데…" 등 의외로 냉정한 대답이 돌아오는 경우도 적지 않습니다. 그렇다면 "그럼 함께 방을 정리해보겠어? 정리하는 법을 가르쳐줄게"라고 말해봅시다. 그러면 아이들은 기뻐하며 함께 방을 정리할 것입니다. 말할 때의 포인트는 **아이 자신을 부정하지 않고 행동의 변화를 촉구하는 것**입니다. 단번에 잘되지 않아도 계속함으로써 아이는 바뀝니다.

또 부모님의 수면 시간이 부족하면, 짜증이 늘어나 아이에 대해 심한 말을 해버리는 경우도 있습니다. 짜증이 늘어나면 몸에서 짐이 부족하다는 신호일 수도 있습니다. 그런 의미에서 부모님의 수면 시간을 확보하는 것은 중요합니다.

아이의 약물, 어떻게 병행해야 할까?

유사발달장애에 관한 이야기를 할 때 피할 수 없는 '약물'에 대해, 어떻게 병행하는 것이 제일 좋은 것인지 필자의 생각을 정리하도록 하겠습니다.

발달장애가 의심되어 의료기관으로 연결되면, 일부 의료기관에 따라서는 진단이 내려지고 즉시 약물치료가 시작되는 경우가 있습니다.

단, 약을 먹어서 전부 해결되는 발달장애는 없습니다. 또한 발달장애의 모든 증상을 제거하는 약물 또한 없습니다. 약을 먹으면 해결된다고 생각하시는 분이 있다면, 반드시 생각을 바꾸는 것이 좋을 것입니다. **약은 어디까지나 아무리 해도 부족한 부분을 보충해, 자기 뇌의 성장을 돕기 위해서 사용하는 것입니다.**

예를 들어 발달장애 진단이 내려진 아이 중에는 태어나면서 뇌의 설계상, 수면을 잘 취하지 못하는 아이가 있습니다. 이런 경우 잠을 잘 잘 수 있는 약을 최소한의 양으로 사용하여 수면을 취할 수 있도록 하면, 생활 리듬이 갖추어져 본인도 주위도 훨씬 편해집니다.

발달장애에 대해서는 진정 작용이 있는 것, 자극을 주어 뇌를 활성화시키는 것, 수면을 촉진하는 것 등 다양한 약제가 사용되고 있습니다. 하지만 모두 근본적인 개선을 위한 것이 아니라 대체요법적인 선택입니다. 일시적으로 증후를 억제하기 위해 사용하는 것에 지나지 않습니다. 또한 몸의 뇌가 잘 발달하지 않으면 약이 효과가 없을 수도 있습니다. 그래서 약물을 사용한다는 선택을 했다 하더라도, 지금까지 실행했던 생활 개선(자신의 뇌를 발달시키는 시도)은 잊지 말고 해주었으면 합니다.

뇌에는 가소성이 있기 때문에 지금은 네트워크가 없는 곳도 계속 자극함으로써 연결 네트워크가 생기는 일이 있습니다. 약을 사용한다 하더라도 뇌를 발달시키면서 복용하는 것이 좋고, 뇌가 성장하여 약이 필요 없게 되면 복용을 그만두는 것이 최고의 방법입니다. 자신의 뇌를 발달시킴으로써, 약 복용을 졸업할 수 있었던 K군의 사례를 소개하겠습니다.

사례 4 약을 그만두면서 발달장애 증후를 개선한 K군

다음은 초등학교 4학년 K군의 사례입니다.

'육아과학 엑시스'에 왔을 때 K군은 다른 의료기관으로부

터 처방된 많은 약을 복용하고 있었습니다. 약물 탓에 현기증이 나고 어지러움을 느끼는 상태였습니다. 저희 기관에 온 계기는 학교에서 친구를 때렸기 때문이었습니다.

K군의 엄마는 "약을 먹어도 폭력 증세가 줄지 않는다. 약을 더 늘리는 것이 좋을까요?"라고 문의하는 등 꽤 지쳐있는 상태였습니다.

K군은 당시 초등학교 4학년이었는데, 약을 먹기 시작하면서 완전히 인격이 바뀌어 버렸다고 합니다. 필자가 만났을 때는 흐릿한 눈을 하고 생기가 없었는데, 학교에서 뭔가 주의를 받거나 하면 역으로 분노하고 폭력성을 느꼈다고 했습니다.

필자는 K군의 엄마와 이야기를 나눈 후, 제가 근무하는 의료기관으로 병원을 옮기도록 하고 '육아과학 엑시스'에서 함께 뇌 육아에 힘쓰기로 했습니다.

3~4개월에 걸쳐 앞에서 언급한 생활 개선을 하면서, 먹고 있던 약을 조금씩 감량·중지해나갔습니다. 모든 복약을 중지한 K군은 활기찬 아이의 모습으로 돌아왔습니다. 폭력성

은 없어졌지만, 침착함이 없는 것과 충동성, 학교에서 뛰어다니는 것 등은 아직 남아있었습니다.

약물이 빠지면서 다시 수면 개선에 임했습니다. 여기에서는 굳이 '잠을 자게 되는 약'을 사용하는 것도 선택지에 줬습니다. 왜냐하면 K군은 그동안 이른 시간에 잠자리에 들었는데, 매일 밤 10시간을 이불 안에 있었음에도 불구하고 아침에 일어날 수 없었기 때문입니다. 관련 기기로 K군의 수면을 측정해보았더니, 깊은 수면을 취하지 못하고 있었고 수면의 질도 좋지 못했습니다. 그래서 그 결과를 바탕으로 K군과 차분히 이야기를 나누었습니다.

"수면을 측정했더니 K군은 수면이 얕은 것을 알게 되었어. 잘 자게 되는 약을 먹고 잠을 자면, 뇌가 클리어하게 되어 여러 가지가 가능해질 수도 있는데, 어떻게 할까? 효과가 있으면, 수면의 질이 좋아질 수도 있어. 이번에는 한 가지 약만 시작할 예정이야. 만약 K군의 상태가 나빠지면 곧 그만두려고 하고 있어"라는 식으로 복용해주었으면 하는 약과 그 효과, 부작용에 관해서도 정중하게 설명했습니다.

이렇게 토론한 결과, K군은 약을 먹어볼 것을 결심하게 되었습니다. 그리고 그 약을 사용하면서 생활 개선도 해나갔습니다.

필자가 처방한 약을 처음 먹고 다음 날 아침, K군은 스스로 일어나서 "엄마, 나 태어나서 처음으로 깊이 잘잤어"라고 말하며 웃었다고 합니다.

사실은 이전의 의료기관에서도 같은 약을 처방받고 있었습니다. 다만 그때는 그 외에도 다양한 약이 동시에 처방되고 있었기 때문에, 효과가 별로 없었던 것으로 보입니다.

K군은 그 후 1년에 걸쳐 자연스럽게 일찍 일어날 수 있게 되어, 차분해지고 친구와의 사이에 문제가 없는 아이로 바뀌어 갔습니다. 본인과 이야기해봐도 '힘든 점'은 거의 없다고 합니다. 지금은 수면 약도 사용하지 않고 확실히 잠을 잘 수 있게 되었습니다.

무엇보다 중요한 것은
본인의 동의와 이해

ADHD라고 진단된 아이에게 메틸페니데이트(상품명: 콘서타)가 처방되는 경우가 있습니다. 메틸페니데이트는 전두엽에 작용하여 활성화하는 자극제입니다. 약을 먹으면 집중력이 오르거나 차분해져서 일에 집중할 수 있게 됩니다. 그러나 초등학교 저학년의 아이에게는, 이렇게 전두엽에 작용하는 약은 가능한 한 사용하지 않는 것이 좋다고 필자는 생각합니다.

지금까지 말했듯이 전두엽은 10~18세에 만들어지는 것입니다. 예를 들어 7~8세라면 아직 전두엽은 성장이 제대로 시작되지 않은 상태입니다. **그 상태에서 전두엽을 자극하는 약을 먹게 되면, 아이의 뇌 성장에 어떤 영향을 주는지는 아직 미지수입니다.**

정말로 투약이 필요하다고 생각했을 경우, 필자는 약의 효능과 부작용 등 모든 것을 아이에게 말해 본인의 동의를 얻은 후에 처방합니다. 본인이 납득하지 않으면, 비록 가족 등 주변이 희망하더라도 약을 처방하지 않습니다.

또 약의 효과는 사람에 따라 다릅니다. 특히 투여 초기에는 복약 후 자신의 몸과 뇌의 변화를 노트에 기록해 진찰·상담 시에 가져오도록 아이들에게 요청하고 있습니다.

상태가 좋아졌는지, 나빠졌는지, 위장의 불쾌감 등 부작용은 없었는지 등 자신을 직시하고 약에 대해 신중하게 생각해야 합니다. 그다음 자신에게 맞다면 계속 복용하거나, 약 없이도 괜찮을 때 중단하는 태도로 약을 사용하는 것이 중요하다고 생각합니다.

제일 먼저 해야 할 것은 생활 개선입니다. 그래도 도저히 부족하다면 약을 복용하십시오. 이렇게 하면 약물과 충분히 병행할 수 있을 것입니다.

제 3 장

수면이 아이의
뇌를 바꾼다

수면을 바꾸고 '신경 쓰이는 행동이 사라진 아이'가 증가했다

제2장까지는 뇌 발달의 구조나 유사발달장애는 어떤 것인가, 또, 그 증후를 개선하기 위해서 필요한 것 등을 정리했습니다.

제3장에서는 유사발달장애를 개선하는 데 빠뜨릴 수 없는 수면에 대해 다룹니다. 수면의 질을 올리는 방법, 좀처럼 자지 않을 때는 어떻게 하면 좋을지 등 아이를 중심으로 가족 전원이 양질의 수면을 취할 수 있는 방법을 정리하고자 합니다.

먼저 수면이 얼마나 중요한지 이해하기 위해 필자에게 상담을 받으러 온 사례들을 소개하겠습니다.

사례5 편식이 사라지고 제대로 먹을 수 있게 된 O양

도무지 식사를 할 수 없다고 하는 3세 소녀 O양과 어머니가 상담을 받으러 왔습니다. O양은 편식이 심하고, 식탁에 앉아도 거의 아무것도 먹지 않습니다. 어떤 말을 해도, 무엇을 해도 먹지 않는 모습을 보고 있으면, 어머니도 점차 짜증이 난다고 합니다. 그런 어머니의 기분이 전해지는지, O양은 먹는 것에 지나치게 집중하지 못하는 모습이라고 합니다.

앞의 제2장에서 설명한 대로 먹는 기능도 '몸의 뇌'의 작용입니다. 몸의 뇌가 순조롭게 자라면 1세 정도까지는 "배고프다" "뭔가 먹고 싶다" "배가 부르니까 먹는 것을 그만두자"라고 뇌가 느끼고 명령을 내리게 됩니다. 하지만 O양의 뇌에서는 제대로 작동하지 않는 것 같았습니다.

O양의 어머니에게 아이의 생활에 대해 물어보니, 자정 전에 자는 일이 거의 없다고 하는 것이 아니겠습니까.

매일 밤 9시부터 잠자리에 들기 시작하지만, O양이 일어나

놀기 시작해 잠을 자지 않았다고 합니다. 밤 10시쯤에는 조금 졸기 시작하는 줄 알았더니 아버지가 집에 돌아옵니다. 그러면 기뻐서 아빠에게 가서 놀기 시작합니다.

그러다가 결국, 겨우 자정이 지났을 무렵에 잠들기 때문에, 다음 날 아침은 당연히 일어날 수 없습니다. 낮까지 자고 있는 경우도 있습니다. 드디어 점심에 일어난 O양에게 밥을 먹이려고 해도 전혀 먹지 않고, 잠시 후 자신이 먹고 싶은 것을 조금만 먹는 생활이 계속되고 있다는 것이었습니다.

여기까지 읽으면 여러분도 알 수 있을 겁니다. O양의 생활은 분명히 몸의 뇌가 자라는 것이 아닙니다. 그 증거로 태어나서 한 번도 "배고프다"라고 입으로 말한 적이 없다고 합니다. 뇌의 균형이 이미 크게 무너지고 있습니다.

필자는 O양의 어머니에게 이러한 사항을 설명했고, 먼저 일찍 일어나는 것부터 시작하도록 했습니다. O양을 깨울 때는 O양이 즐길 수 있는 것을 제안하는 것을 권유했습니다. 정말 좋아하는 음악을 큰 소리로 틀거나, 조금 눈이 떠지면 목욕탕에 안고 가서 아침부터 함께 물놀이를 해보는 식으로 말입니다.

수단과 방법을 바꾸고 궁리하여, O양은 아침 7시에 일어나게 되었습니다. 낮잠도 짧게 끝내도록 부탁했습니다. 그러자 일주일 만에 밤 9시에 스스로 잠드는 생활로 바뀌었다고 합니다.

수면이 바뀌면서 O양의 일상생활에는 다양한 변화가 생겼습니다. "배고프다"라고 말해 스스로 밥을 찾기 시작했고, 지금은 하루 3번 밥을 규칙적으로 먹을 수 있게 되었다고 합니다. 지금까지는 절대로 먹지 않았던 것도 먹게 되어 좋아하는 음식까지 생겼습니다.

O양은 잠을 자면 아침까지 푹 자고 있으므로, 아버지가 돌아와도 더 이상 깨어나지 않게 되었습니다. 덕분에 부부가 마주보고 이야기하는 시간도 늘어나 사이도 좋아졌다고 감사 인사도 받았습니다.

O양의 사례는 단지 우연이 아닙니다. 특히 2~3세 시기에는 아이의 수면 리듬이 바뀌면 낮의 모습도 놀라울 정도로

바뀌는 일이 많이 있습니다.

사례 6 짜증과 패닉이 사라진 쌍둥이

다음은 3세 쌍둥이 사례입니다.

쌍둥이 부모님은 맞벌이로 바쁘고, 도움을 청할 친척도 가까이 있지 않아서 육아는 아버지와 어머니, 둘이서 하고 있었다고 합니다.

쌍둥이 부모님들은 어린이집에 가기 전, 그리고 잠드는 시간이 힘들어 혹시 발달장애가 아닌가 싶어 상담을 받으러 왔습니다. 우선 쌍둥이 모두 아침에 좀처럼 일어나지 못한다고 합니다. 간신히 깨워서 잠옷을 벗기고 옷을 갈아입히려고 하면, 두 사람 모두 평소와 다르게 울고불고 날뛴다고 합니다. 옷을 갈아입힐 수 없을 정도로 날뛰고, 멈출 수 없을 정도로 심하게 울 때도 있는데, 그 모습이 ASD의 패닉(panic, 단기적으로 극도의 불안과 공포를 느끼며 비정상적인 신체 증상이 동반되는 발작-옮긴이)처럼 보인다는 것입니다. 그러다 보니 어린이집에 가기를 꺼려했고, 시간이 부족해 옷도 갈아입지 않은 채 잠옷 차림으로 데려가는 일도 있었다고 합니다. 침대에 눕히는 데 매일 한 시간 이상이 걸렸고, 밤 9시에 잠자리에 들었음에도 불구하고 밤 11까지 잠을 자지 않고 노는 일이 드물지 않았습니다. 부모님은 쌍둥이를 돌보고 일하느라 심신이 모두 지쳐버린 모습이었습니다.

  그래서 필자가 제안한 것이 '일찍 일어나기' 입니다. 6시 30분에는 반드시 깨우도록 했습니다. 아이들이 좋아하는 TV 프로그램을 틀어서 즐거운 기분으로 쌍둥이를 깨우고, 쌍둥이가 일어나면 그대로 베란다에 나가 아침 햇살을 받게 했습니다. 이것을 반복해주었더니 3일 만에, 아침에 옷을 갈아입을 때 울음소리가 없어졌습니다. ASD의 패닉과 같이 날뛰는 일이 사라지고 싱글벙글 웃는 얼굴로 갈아입을 수 있게 되었습니다. 잘 때도 밤 9시가 되면 스스로 자게 되었다고 합니다.

  일찍 일어나는 것만으로 아침의 패닉도, 잠을 자지 않는 상황도 한 번에 바뀌었습니다. 이제는 일찍 일어날 수 있게 되었고, 아침에 옷을 갈아입는 것으로 패닉이 일어나는 일도, 어린이집에 가기 싫어하는 일도 완전히 없어졌다고 합니다.

일본인은 어른도 아이도
수면 부족이었다

앞의 내용을 통해 수면을 바꾸는 것만으로 아이의 모습이 완전히 바뀐다는 것을 알 수 있었습니다. 수면에 이런 효과가 있는지 몰랐다는 분도 많을 것입니다.

아이들에게 얼마나 수면이 중요한지 설명하기 위해, 먼저 기초 지식을 정리하겠습니다.

인간이 제대로 살아가기 위해서는 얼마나 자면 좋을지 아십니까? '육아과학 엑시스'에 방문하시는 부모님과 이야기를 하다 보면, 아이를 밤 9~10시까지는 재우는 게 좋다고 생각하는 분이 많습니다. 하지만 틀렸습니다. 사실 수면 시간은 나이에 따라 정해져 있습니다.

전 세계 소아과 의사가 가장 많이 이용하고 있는 소아과 의사 교과서인 『넬슨 소아 과학(Nelson Textbook of Pediatrics)』에 게재되어 있는 연령별 수면 시간은 다음에 페이지에 나오는 도표와 같습니다.

『넬슨 소아 과학』에 따르면 초등학생의 이상적인 수면 시간은 약 10시간이지만, 현재 10시간을 자는 아이는 거의 없습니다. 일본 초등학생의 평일 평균 수면 시간은 약 8시간입니다. 10시간보다 2시간이나 줄어들고 있습니다. 일본 후생노동성이 실시한 조사에 따르면, 일본인 어른의 1일 평균 수면 시간은 남성도 여성도 6~7시간이 가장 많고, 그다음으로 많은 것이 5~6시간이었습니다. 『넬슨 소아 과학』을 보면 18세에 필요한 수면 시간은 8시간 15분이므로, 일본인 대부분은 어린이도 어른도 필요한 수면 시간에 비해 약 1~3시간이나 적게 자는 것입니다.

해외 통계를 보면 유럽과 미국인의 수면 시간은 평균 8시간 정도입니다. 서양인과 비교하면 아시아인의 수면 시간이

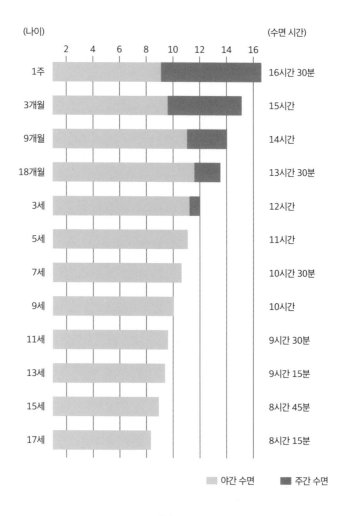

(나이)

(수면 시간)

나이	수면 시간
1주	16시간 30분
3개월	15시간
9개월	14시간
18개월	13시간 30분
3세	12시간
5세	11시간
7세	10시간 30분
9세	10시간
11세	9시간 30분
13세	9시간 15분
15세	8시간 45분
17세	8시간 15분

■ 야간 수면   ■ 주간 수면

출처: Nelson;Textbook of Pediatrics,19th ed, 2011에서 저자 수정

짧다는 결과도 나와 있습니다.

어른이라도 최소 7시간 이상 자지 않으면 뇌는 정상적인 기능을 유지하지 못합니다. 발달과 나이에 따라 뇌를 성장시키거나 정상적으로 작동시키는 데 필요한 수면 시간은 정해져 있습니다. **발달 도중의 아이라면 제대로 된 수면 시간 확보는, 뇌에 있어서 다른 것으로 대체 불가능한 매우 중요한 것입니다.**

렘수면과 비렘수면, 수면에도 종류가 있다

우리의 수면에는 두 가지 종류가 있습니다. 렘수면과 비렘수면이라고 하는 것입니다.

정상적인 수면에서는 잠자는 단계에 들어간 후 30분 정도로 비렘수면이 시작됩니다.

비렘수면은 뇌의 깊은 부분이 쉬고 있는 상태입니다. 잠들고 가장 깊은 잠의 수준이 되고, 비렘수면 후에는 렘수면이

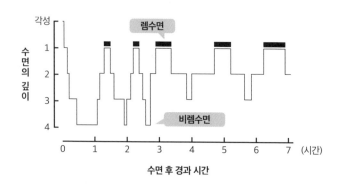

렘수면과 비렘수면

출처: Dement&Kleitman.1957 에서 발췌

됩니다. 렘수면은 각성에 가까운 상태에서의 수면입니다. 깨어나 있는 것은 아니지만, 깨어 있을 때와 같이 뇌가 활발하게 활동하고 있는 상태입니다. 꿈도 렘 수면 중에 꾸는 것으로 알려져 있습니다.

렘수면이 1시간 정도 계속되고, 그것이 끝나면 다시 비렘수면(30분 정도)이 됩니다. 그리고 잠의 후반이 되면 얕은 수면으로 이행하는 것입니다. 비렘수면(30분)과 렘수면(1시간)을 4~5회 반복하면 충실한 수면이 됩니다.

사람은 왜
잠을 자야 할까?

수면 중 우리 몸에서 다양한 일이 일어나고 있습니다. 이 다양한 일들은 깨어있는 동안에는 결코 할 수 없기 때문에 잠을 자는 것이 필수적입니다.

렘수면 시 일어나는 일

● 기억 정리 및 고정

그 날에 일어난 사건·지식·경험을 뇌에서 정리해 축적하고 있습니다. 기억의 폐기 선택을 하고, 싫은 기억을 기억하기 어려운 깊은 곳에 버리는 것도 렘수면 때이기 때문에 할 수 있는 것입니다. 다음 날을 위해 뇌를 깔끔하게 정리된 상태로 정돈합니다. 말하자면 뇌의 리셋을 하고 있는 것입니다.

비렘수면 시 일어나는 일

● 뇌와 육체의 피로 회복

뇌와 몸을 쉬게 하고 축적된 피로를 해소시키고 있습니다.

이것은 말하자면 뇌의 리셋에 대해 몸의 리셋을 하고 있는

상태입니다.

● 성장 호르몬의 분비

뼈와 근육을 만들어 신장을 늘리는 성장 호르몬이 대량으

로 분비되고 있습니다.

어린이의 성장에 필요한 물질인 성장 호르몬은, 특히 수면

2시간 후에 대량으로 분비됩니다. 성장 호르몬이 많이 분비

되면 집중력·기억력·지능도 발달합니다.

성장 호르몬이라고 하면 몸의 발달을 촉구하는 일밖에 하

지 않는다고 생각하기 쉽습니다만, 그렇지 않습니다. 성장

호르몬이 분비됨으로써 면역력이 높아져 부상이나 질병에

지지 않는 몸을 만들 수 있습니다.

게다가 성장 호르몬은 세포를 복구하는 역할을 하고, 암

등의 질병을 예방하는 기능도 있습니다. 성장 호르몬이 제대

로 분비되면 비만이 되기 어려운 몸이 됩니다.

● 세로토닌의 분비

아침에 비해 양은 떨어지지만, 비렘수면 시에는 세로토닌이 분비됩니다. 세로토닌이 분비되면 기분이 안정되고 깔끔한 정신 상태로 다음 날 아침을 맞이할 수 있습니다. 수면은 마음의 복구에도 도움이 됩니다.

수면 부족이 유사발달장애를 일으킨다

수면 중에 몸 안에서 일어나는 것을 알아봤는데, 이미 눈치 챈 분들도 있을 것입니다. 질 높은 수면을 충분히 취하지 않으면 발달장애와 유사한 증후를 보이는 경우가 많습니다.

- 성장 호르몬의 분비가 충분하지 않기 때문에 발달이 지연됩니다.
- 세로토닌이 분비되지 않고, 또한 세로토닌 신경계가 자라지

않기 때문에 안절부절 못하거나, 화내기 쉬워지거나, 차분함이 없어집니다.

• 뇌도 몸도 리셋되지 않기 때문에, 피로감이 사라지지 않고 아침부터 책상에 앉아 수업에 집중할 수 없습니다.

앞의 징후는 모두 수면 부족에서 오는 것입니다. 언뜻 보면 발달장애의 증후로 보여, 어린이집이나 학교 선생님으로부터 '신경이 쓰이는데…'라고 여겨지는 일이 많습니다.

특히 아이의 짜증과 분노는 성격 탓이라고 착각해버리는 경우도 있기 때문에 주의가 필요합니다.

아이가 사소한 것에 화를 내거나 의사소통에 대해 고민이 있다면 먼저 수면을 검토합시다.

충분히 수면을 취하고 있는 아이는 세로토닌의 작용으로 불안이나 짜증이 없습니다. 매우 차분하고 온화한 마음을 유지하기 때문에 아침에 일어나 밥을 제대로 먹고 건강하게 학교에 가서 친구와 즐겁게 놀 수 있습니다.

수업도 제대로 들을 수 있고 성적도 안정되어 있는 경우가 많습니다. 모두 충분한 수면과 몸의 뇌가 자라고 있는 결과입니다.

빨리 잠들기보다 빨리 일어나기가 중요한 이유

수면의 중요성에 대해 충분히 이해하셨을까요? 이제는 어떻게 하면 좋은 수면을 취할 수 있는지를 정리해보겠습니다.

우선 시도해주었으면 하는 것이 일찍 일어나는 것입니다. 수면이 소중하다고 하면 일찍 재우는 것부터 시작하는 분이 있습니다. 하지만 사실 이것으로는 해결되지 않는 경우가 많습니다. 일찍 일어나기 시작하면 자는 시간은 자연스럽게 빨라집니다.

특히 현재 아이의 잠버릇이 나빠서 힘들다면, **우선 일주일은 아이를 매일 아침 7시 전에 깨우는 것부터 시작해봅시다.**

아이가 일어나지 않는다고 포기하지 않도록 합시다. 좋아하는 장난감이나 비디오 등을 사용하여 즐겁게 깨워보는 것을 추천합니다. 그리고 낮잠은 1시간 미만으로 하고, 이른 저녁에는 절대로 잠들지 않게 해주세요. 일찍 저녁을 먹게 해서 목욕을 시키면 보통은 밤 8시경에는 졸음이 밀려올 것입니다.

2~3세 유아의 경우 이 방법을 실행해 거의 일주일 경과하면, 올바른 수면 리듬이 안착할 것입니다.

어린이집에서 수면 시간을 개선하자, 놀라운 효과가 있었다

필자는 어린이집 등에서 가끔 강연을 하는 경우도 있습니다. 그러다가 수면에 관한 이야기에 감명을 받은 교사로부터 부모님과 함께 수면 개선의 대처를 해보고 싶으니 도와달라는 이야기를 들은 적이 있습니다.

그래서 일주일 한정으로 수면·생활 개선을 도와준 적이 있습니다. 어린이집과 가정에서 연계하여 수면 시간과 생활 리듬을 개선해주었습니다.

어린이집에서는 낮잠 시간을 줄이고, 가정에서는 일찍 일어나기만 노력하도록 하였습니다. 그래서 아이에게 어떤 변화가 생겼는지, 종합적으로 얼마나 잠들게 되었는가를 기록했습니다. 그러자 시작한 지 3일째부터 전체적인 변화가 생겼습니다. 우선 "잠들기까지의 시간이 굉장히 짧아졌다"는 것이 그렇습니다. 지금까지는 잠들기까지 1시간 이상 걸렸었는데, 10분 정도면 잠을 자게 된 아이도 있습니다. 아이가 자는 것이 빨라진 덕분에 부모님의 자유 시간이 1시간 이상 늘어나서 고맙다는 감사도 있었습니다.

또한 "잠에서 깨는 것이 좋아졌다"는 의견도 많았습니다. 지금까지는 아침에 기분이 별로여서 등원 준비도 하지 않았던 것이 스스로 옷을 선택하는 등의 준비를 할 수 있게 되어, 아침 준비가 극적으로 편해졌다고 합니다.

부모님으로부터의 감상은 수면에 관한 것만이 아니었습니

다. "형제끼리 싸움이 줄었다" "집중해서 놀게 되었다" "폭언을 하고 친구를 때리거나 하는 일이 없어졌다" 등 생활 측면에서의 변화도 생겨났습니다.

일주일 정도 일찍 일어나는 것만으로, 아이는 이렇게 바뀌는 것입니다. 중요한 것은 빨리 자는 것이 아니라 일찍 일어나는 것! 일찍 일어나는 것을 성공하면 자연스럽게 일찍 자러갈 것입니다.

쉽게 잠들게 되는 아침형 생활

앞에서도 언급했지만 사실 아이의 수면의 질과 양을 좋게 하려면, 부모님의 수면을 개선하는 것이 지름길입니다. 아이와 부모님의 생활은 분리할 수 없습니다. 밀접하게 관련되어 있기 때문에, 가족 모두가 생활 리듬을 바꾸어, 수면 시간을 확보할 수 있는 것이 이상적입니다.

자기 직전까지 집안에서 텔레비전이 고음량으로 켜져 있으면, 당연히 아이는 잠을 자는데 어려움을 겪게 될 것입니다. 빛이나 소리에 따라 뇌가 각성하고 취침 모드가 될 수 없기 때문입니다. 가능하면 빨리 TV를 끄고 조명도 어둡게 해서 집 전체에서 잘 준비가 되면, 아이의 뇌도 보다 원활하게 '취침 모드'로 들어갈 것입니다.

또한 잠들기를 원활하게 하는 데는 부모님이 아침형 생활로 바꾸는 것이 가장 좋습니다. 예를 들어 아이를 재울 때, 아이 옆에서 자고 있는 어머니가 '아이가 잠들면 식기를 정리하고, 일도 조금 하고… 이제 시간이 별로 없는데… 빨리 재우지 않으면 안 되는데…'라고 의욕이 충만하면 엄마 몸에 드러납니다. 엄마 몸이 긴장하고 근육이 굳어지면, 그것이 옆에 있는 아이에게도 전해지는 것입니다. 이렇게 되면 아이는 불안해져 더욱 잠을 잘 수 없게 됩니다.

언제까지나 아이가 자지 않으면 부모님은 "빨리빨리" "할 일이 있는데…!"라고 더욱 안절부절못하고 분노의 감정이 솟아오를 것입니다. 그러면 교감신경이 우세해지고 몸은 더욱 긴장합니다. 그런 어머니 옆에 있으면 아이는 위험하기 때문에 자지 말아야 한다고 긴장하고, 잠이 깨버립니다. 이렇게 되면 잠자리가 나빠지는 부정적인 연쇄작용에 빠져 버립니다. 이 부정적인 나선형에 빠지지 않기 위해서라도 부모님과 아이가 함께 자고, 다음 날 아침 조금 일찍 일어나 가사나 일을 정리하는 것이 좋을 것입니다.

자려고 결정해버리면 몸은 긴장감이 풀리면서, 그 부드러운 몸에 접하고 있는 아이도 평안한 상태로 빨리 잠을 잘 수 있습니다.

앞의 제2장에서도 이야기했지만, 아침 일찍 일어나 일을 끝내는 것은 확실히 더 효율적이고 성과를 향상시킬 것입니다. 아무리 어른이라도 수면은 생명을 지키기 위해 소중한 것이 틀림 없습니다. 다음 파트에서 '수면을 취하기 위해 중요한 것'을 정리하겠습니다. 아이와 함께 꼭 시도해보시기 바랍니다.

좋은 수면을 취하기 위해
정말 중요한 것

지금부터는 부모님과 자식 간에 좋은 수면을 취하기 위해 특히 중요한 것을 알려드리겠습니다. 지금 좀처럼 수면을 잘 취하지 못하는 분이 있으면, 일찍 일어나서 신경 쓰이는 것부터 시도해보시기 바랍니다. 자녀와 함께 시도해보는 것도 좋을 것입니다.

● 자신에게 맞는 휴식법 찾기

잠자기 전에 의식적으로 휴식 시간을 취하십시오. 몸도 마음도 긴장이 풀리면 취침 모드가 될 수 있습니다. 요가, 스트레칭 등의 가벼운 운동으로 근육의 긴장을 풀거나, 마음챙김 명상을 실시하는 등 자신에게 '기분 좋은' '차분해진다' 라고 생각되는 방법을 실행하면 좋습니다.

침실에 관엽식물을 들여놓거나, 조명을 보다 차분한 것으로 바꾸거나, 차광 커튼으로 바꾸거나, 침실 환경을 정돈하

는 것도 좋을 것입니다. 맞는 방법은 사람마다 다릅니다. 이
것이라면 할 수 있지 않을까 싶은 것을 시도해보고, 자신에
게 맞으면 계속해보세요.

부모님이 잘 자게 되면, 아이의 수면도 반드시 개선됩니다.

● 잠자기 전부터 조도 낮추기

자연계에서는 저녁부터 밤이 되면 눈에 들어오는 빛의 양이
적어집니다. 그러면 뇌 속에 있는 송과체라는 기관에서 멜라
토닌이 분비됩니다. 멜라토닌이 나오면 우리는 졸음을 느낄
수 있습니다.

아는 사람도 있겠지만 텔레비전이나 스마트폰, PC 등에서
나오는 강한 빛을 받으면, 멜라토닌의 분비량은 줄어 버립니
다. 이러한 화면에 사용되고 있는 조명 LED는 뇌를 각성시
키는 빛인 블루 라이트를 발하고 있어, 뇌 내의 멜라토닌 분
비를 억제해버리기 때문입니다. 그 때문에 뇌가 아침이라고
착각해, 깨어나지 않으면 안 된다고 생각해버립니다. 잠자기
전에 스마트폰이나 PC의 빛을 눈에 담는 것은 좋지 않습니

다. 그러므로 밤에는 가능한 한 스마트폰이나 PC 등을 만지지 않는 것이 좋습니다. 특히 잠자기 1시간 전에는 이 빛은 눈에 담지 않아야 합니다.

방의 불빛을 떨어뜨리고 점점 빛의 양을 줄이면 잠이 잘 듭니다.

● 목욕은 저녁 식사 전에

사람은 잠자기 전에 체온이 낮아지고 자율신경에서 부교감 신경(야간이나 휴식 시 활발하게 작동하는 신경)의 작용이 우세해지면 졸립니다. 잠자기 직전에 몸을 너무 따뜻하게 하면 교감신경이 활발해져 잠을 잘 수 없게 되므로, 목욕이나 격렬한 운동·놀이 등은 잠들기 전에는 피합시다. 저녁 식사 전에 목욕을 해두면, 잠들 무렵에는 부교감 신경이 우위가 되므로 이 방법을 추천합니다. 또한 아침 목욕은 교감신경이 활성화되어, 각성이 좋아지므로 꼭 시험해보세요. 샤워뿐만 아니라 욕조에 몸을 담그는 것도 효과가 좋습니다.

● 저녁에는 단백질을 섭취하기

수면 전에 섭취하면 좋은 것이 트립토판입니다. 아미노산의 일종으로 세로토닌이나 멜라토닌의 원료이기 때문에 수면의 질을 높이는 효과가 있습니다.

트립토판은 단백질에 포함되어 있기 때문에, 자기 전에는 고기나 우유 등을 의식적으로 섭취합시다. 하지만 유분이 많은 것이나 대량의 육류나 탄수화물은 소화에 부담을 주므로 피해주세요. 먹은 것이 소화되고 나서 십이지장으로 이동하기까지 40분에서 1시간 정도 걸립니다. 먹고 나서 1시간 정도의 사이에 누워 있으면 압박감이 생겨 잠이 나빠지기 때문에, 저녁 식사는 취침하기 2시간 전까지 끝내는 것이 이상적입니다.

● 어린이: 낮잠은 3세까지가 좋다

아이에게 낮잠을 재우는 편이 좋을까? 재우지 않아도 문제가 없는 것일까? 상당히 고민스러운 주제입니다. 『넬슨 소아과학』에서는 낮잠은 3세까지로, 많아야 1시간 정도, 4세가

지나면 필요 없게 된다고 합니다. 4세 정도면 주행성 동물로서의 체내리듬이 완성되고 있는 것이 많아지고, 충분한 시간을 연속해서 수면을 취할 수 있게 되기 때문입니다.

다만 발달에는 개인차가 있기 때문에 초조해하지 말고(초조하면 좌절하고 몸이 긴장해, 아이가 더욱 잠들 수 없게 된다는 것은 앞에서도 언급했습니다), 조금씩 밤에 연속적인 수면 시간을 늘려나갑시다. 낮잠이 필요한 경우에는 불면증을 예방하기 위해 오후 4시 쯤에는 낮잠을 자지 않도록 주의하십시오.

잠을 짧게만 자는 사람은 거의 없다

가끔 "나는(내 아이는) 짧은 수면증이라서 3시간 수면으로도 괜찮습니다"라고 하는 분이 있습니다. 하지만 그것은 있을 수 없다고 확실히 말할 수 있습니다.

프랑스의 나폴레옹은 3시간밖에 자지 않았다고 합니다. 하지만 이로 인해 능률이 향상되었다고 할 수 없습니다. 이론적으로는 있을 수 없습니다. 왜냐하면 수면에서 비렘수면과 렘수면의 사이클(합계 90분)을 4회 반복하지 않으면, 사람은 정상적인 기능을 유지할 수 없다는 사실이 다양한 연구를 통해 밝혀졌기 때문입니다. 90분을 4회 반복하면 6시간, 그래서 최소 6시간의 수면이 필요합니다.

물론 세상에 효율적으로 수면을 잘 취할 수 있는 뇌를 가지고 있는 사람도 있을 것입니다. 하지만 그런 사람이라도 비렘수면과 렘수면의 사이클은 아무리 짧아도 60분 필요합니다. 60분을 4회 반복하므로 4시간입니다. 그래서 정말로 숙면을 취하는 사람이라면 4시간의 수면으로도 충분할 수도 있지만, 그런 사람은 정말 드물다는 걸 잊지 말아주셨으면 합니다.

생활 개선의 노력을 거듭해도 아이가 도무지 잠을 자지 못하고 자도 빨리 일어나 버리는 경우, 짧은 수면증이 아니라 어쩌면 진짜 **발달장애의 가능성도 생각할 수 있습니다.** 그런 경우는 단순히 잠자는 뇌의 설계가 다른 사람과 조금 다를 뿐이고, 수면 시간은 다른 아이만큼 필요하기 때문에 어떻게 잠을 잘 수 있는지 생각하거나 의료처치가 필요한 경우도 있습니다.

수면은 때때로 깨어있는 시간 이상으로 중요한 것이라는 걸 꼭 기억해주세요. 그렇게 하면, 그것만으로도 매일이 보다 긍정적인 것으로 변화할 것입니다.

제 4 장

부모님과 선생님의 협력이 아이를 성장시킨다

아이를 키우는 일은
어른들의 협력이 필요하다

여기까지 읽으셨으면 유사발달장애에 대해 보다 깊게 알게
되었으리라 생각합니다.

이제부터는 시점을 조금 바꾸어 유사발달장애 아이를 키
우는 부모님과 '발달장애일지도?'라고 생각되는 아이가 반
에 있는 어린이집·유치원, 초등학교 선생님들을 위해 사례
별로 이야기하고자 합니다.

한 명의 아이를 키우기 위해서는 학교나 어린이집·유치원
과 가정의 원활한 협력을 빠뜨릴 수 없습니다. 이를 위해 아
이를 맡기는 측(부모·가정)은 "학교나 어린이집·유치원과 어

떻게 협력해야 하는가"의 마음가짐을 알아두면 좋겠고, 아이를 맡은 쪽(어린이집·유치원, 초등학교 선생님)은, "반에 있는 '조금 신경 쓰이는 아이'를 성장시키는 방법" "부모님과 마주하는 방법"을 알아두면 좋다고 생각합니다. '아이를 맡기는 쪽'과 '맡는 쪽'이 서로 안심하고 협력할 수 있게 되면 아이는 보통 바뀌어 갑니다. 여기서 말하고자 하는 것이 그런 관계 만들기의 힌트가 되면 좋겠습니다.

부모님 편
아이가 발달장애가 아니냐는 말을 들었을 때, 어떻게 해야 할까?

"○○는 발달장애 가능성이 있습니다"라고 학교나 어린이집 등의 선생님에게 들었을 때, 어떻게 대처하면 좋을지 이야기해보겠습니다.

 필자는 의료기관이나 '육아과학 엑시스'에서 발달장애 등을 진찰하는 것 외에도 지역의 어린이집·유치원이나 학교에서 이사나 조언을 해주는 일을 하고 있습니다. 그 때문에 선생님이나 교육에 종사하는 분으로부터 교육현장에 관한 상담을 받는 일이 있습니다. 또한 대학에서는 특별지원교육에 열의가 있는 학생을 가르치는 경우도 있어, 학교 교육에 관한 지식도 적지 않습니다.

이런 점에서 학교나 어린이집·유치원의 선생님과 협력하는 방법에 대해 필자가 좋다고 생각하는 대처법을 정리해보겠습니다.

1. 냉정하게 받아들이기

어린이집·유치원의 선생님, 학교 선생님으로부터 "당신의 자녀는 발달장애 가능성이 있습니다"라고 들으면, 부모님이 깜짝 놀라거나 불안해하는 것은 당연할지도 모릅니다. 그렇지만 아무리 불안해도 선생님의 말을 즉시 부정하거나, 반박하는 것은 그만둡시다. 이럴 때는 어쨌든 냉정하게 끝까지 선생님의 이야기를 듣는 것을 추천합니다.

또한 선생님으로부터 지적을 받는 것으로 패닉이 되는 부모님도 많습니다. 그러나 패닉이 될 만한 일이 아닙니다. "선생님 이야기 듣고 화가 났잖아. 니 탓이야"라고 아이를 꾸짖거나, 아이를 바꾸려고 여러 가지 규칙을 밀어 붙이거나, 물어볼 필요도 없습니다. 어쨌든 우선 느긋하게 받아들이고 끝까지 선생님의 이야기를 들어보세요.

어린이집·유치원이나 학교 선생님은 당신이 모르는 아이의 모습을 매일 보고 있습니다. 개인 면담은 "학교와 가정, 각각에 있어서의 아이의 정보를 공유하는 중요한 장소"이자 한정된 시간 속에서 교사의 입장에서 '신경 쓰이는 것'을 전해주는 것입니다.

사람에 따라서는 말투가 엄격한 선생님도 있을지도 모릅니다. 단지 그 말투에 좌우되는 것은 안타까운 일입니다. 선생님은 결코 그 아이를 매도하거나 부정하려는 것이 아닙니다. 아이의 문제를 함께 생각하고 아이가 잘되기를 바라기 때문에 용기를 가지고 전하고 있는 것입니다. 따라서 경의를 갖고 선생님의 말씀을 받아들일 수 있으면 좋겠습니다.

아이는 어려서부터 집과 집단생활을 하는 장소에서의 행동을 구분하고 있습니다. 어린이집·유치원이나 학교에서는 집에서의 아이와는 다른 행동을 하는 일도 많이 있습니다.

예를 들어 필자가 진찰하는 아이 중, 집에서는 매우 행동 구분을 잘하는 '소위 말 잘 듣는 아이'인 초등학교 2학년 남학생이 있었습니다. 그 아이의 어머니는 학교에서의 모습을 매일 아이에게서 듣고 있어서, "나는 모두와 사이좋게 지내고 있어요. 우리 반에 폭력적인 아이가 있지만, 내가 그 아이를 멈추게 하고 있어요"라고 들었기 때문에 별 문제가 없다고 생각하고 있었습니다.

그러나 갑자기 선생님으로부터 학교로 호출되어, 우리 아이가 발달장애일지도 모른다고 들었다고 합니다. 아이의 어머니는 놀라서 확실히 믿기 어려웠다고 합니다. 선생님으로부터 평소 모습에 대해 들어보니, "수업시간이나 집단행동 시 사소한 일로 분노가 억제되지 않고 친구와 싸웁니다. 체격이 좋기 때문에 반에서 날뛰면 모두 무서워 합니다" 등 학급친구와 의사소통을 잘 할 수 없어 모두가 무서워하고 있는 것을 알게 되었습니다. 그 아이는 어머니를 사랑해서, 어머니에게는 자신의 모습을 다른 아이가 하고 있던 것처럼 보고하고 있었던 것 같습니다.

이 경우 학교에서의 아이의 행동을 선생님으로부터 듣지 못했다면, 부모는 평생 알 수 없는 것이었습니다. 이러한 '부모가 전혀 모르는 아이의 정보'를 가르쳐주는 사람이 바로 학교나 어린이집·유치원의 선생님입니다. 이렇게 생각하면 선생님이 아이에 대해 이야기해주었을 때, 비록 그 내용이 다소 부정적인 것이었다고 해도 "우리 아이를 걱정해주셔서 감사합니다"라고 받아들이는 게 좋지 않을까요?

주변 아이에 비해 자녀의 성장이 느리고, 그 때문에 주위에서 여러 가지 이야기를 듣고 있는 부모님은 자신의 육아에 대해 많이 불안해합니다. 그 자체는 어쩔 수 없는 일이라고 생각합니다만 문제는 이러한 불안이 공격적인 행동으로 이어질 수 있다는 것입니다.

아이를 생각해 "좋아졌으면 하는 생각에 전했다"라는 선생님의 발언을 "아이가 부정되었다!"라고 공격적으로 받아들

부모의 불안과 공격성은 아이에게 전해진다.

이면, 부모님도 선생님도 괴로워집니다. 그리고 무엇보다 아이에게 좋지 않습니다. 부모의 불안과 공격성은 근처의 아이들에게 전해집니다. 즉 부모가 불안을 느끼고 공격적이라면, 아이도 그것을 모방하듯이 불안하고 공격적이 되는 것입니다. 이것으로는 아이의 행동은 개선되지 않고, 선생님과의 관계도 나빠지기만 합니다. 선생님도 인간이며, 완벽하지는 않습니다. 그러므로 서로를 배려하는 의사소통이 반드시 필요합니다.

선생님으로부터 아이에 대해 뭔가 지적을 받았을 때, 반박하고 싶어도 우선 꾹 참고 "언제나 여러 가지를 가르쳐주셔서 감사합니다, 폐를 끼쳐 죄송합니다"라고 말합시다. 형식적으로라도 예의를 갖추면, 그 후의 대화가 원활해진다고 생각합니다. 상대의 말을 부정하지 않고 받아들이고 거기에서부터 공을 던지듯이 말을 주고받습니다.

이것은 의사소통의 기본입니다. 일단은 감사의 말을 전한 다음에 자신이 말하고 싶은 것을 주장하면, 선생님도 이쪽의 이야기를 듣는 기본일 테니 원활하게 토론할 수 있을 것입니다.

학교 선생님과의 관계가 나빠지면, 귀중한 아이의 정보를 들을 수 없게 되고 아이의 학교에서의 모습을 들을 수 없게 됩니다. "발달장애가 아닐까요?"라는 말을 듣고 매우 놀랐다고 해도, 우선은 받아들이는 것이 중요합니다.

2. 생활 리듬 정돈하기

앞에서 선생님이 말한 것을 먼저 받아들이는 것이 중요하다는 이야기를 했습니다. 그래도 만약 "발달장애라고 생각되니 곧바로 병원에 가주세요"라고 듣는다면, 그 말대로 곧바로 병원에 가는 것은 시기상조입니다.

병원에 가기 전에 생활 리듬이 갖추어져 있는지 확인합시다. 제대로 잠들거나 먹고 있는지, 생활을 되돌아보십시오. 만약 생활 리듬이 흐트러져 있거나 수면이 충분하지 않다면, 그것을 재검토하는 것부터 시작합니다. 계속 말하는 것이지만, 우선 아침 일찍 일어나는 것부터 시작합시다.

초등학교 중·고학년이 되면 계속 게임이나 스마트폰을 하고 있어, 좀처럼 자지 않는다는 이야기도 자주 듣습니다. 이런 경우에도 서로 이야기를 나누지 않고 게임이나 스마트폰을 만지는 것은 금물입니다. 게임 시간이나 언제 할지 등 게임·스마트폰으로 놀 때의 규칙을 서로 이야기를 나누어 스스로 결정하게 합시다. 필자는 다음과 같이 이야기하고 있습니다.

"D야, 분실물이 많다고 들었는데, 잊어버리고 싶어서 잊어버리는 것은 아니잖아. 잊어버리지 않으려면 잠을 많이 자면 좋다고 해. 빨리 잠자기 위해서는 좀 더 빨리 게임을 끝내면 좋을 것 같아. 게임을 몇 시 정도까지 끝낼지 결정해줄 수 있을까?"

이렇게 대화를 계기로 아이 스스로 생각하도록 하여 취침 시간을 결정하는 것입니다.

선생님의 지적을 좋은 계기로 삼고 생활을 재검토합시다. 필자의 지금까지 경험상 부모님으로부터 '결정된' 것이 아니라, 이야기 나눈 후 아이가 스스로 정한 규칙에 대해 지킬 가능성이 높습니다.

3. 공부를 너무 심하게 시키지 않기

부모님이 학교 선생님에게 자주 듣는 말 중에 "공부를 열심히 시키세요"라는 것이 있습니다. 이런 선생님이 많아서 "가정학습은 부모님의 역할" "집에서 더 공부시켜 주세요"라고 듣는 경우도 적지 않습니다.

이런 말을 들은 부모님은 '내가 노력하지 않으면 안 된다'라고 생각해, 아이 곁에서 공부를 열심히 시키시기도 합니다. 하지만 그것은 매우 잘못된 방향입니다. 대부분 공부는 부모님의 가사가 끝난 후, 밤 9시부터 심야에 걸쳐 할 때가 많습니다. 그래서 아이의 중요한 수면 시간이 줄어들어 뇌가 발달하지 않고, 유사발달장애 상태로 발전하는 일도 있습니다. 그런 문제가 나타나는 계기가 선생님에게 들은 말 때문이라는 것은 유감스럽지만, 자주 있는 일이기도 합니다. **부모님은 선생님에게 어떤 이야기를 듣더라도 우선은 생활 개선을 목적으로 하고, 나머지는 태연하게 받아들입시다.**

학교에서의 행동에 문제가 있다면, 자신 있는 영역을 만들어 주려고 무리하게 공부에 열정을 쏟는 부모님도 볼 수 있습니다. 그래도 일상생활을 소홀히 하는 것은 절대적 오답입니다.

4. 생활 리듬 개선으로 진전이 없을 때는 병원으로

앞에서 말한 흐름으로 아이의 생활 리듬을 정돈하면서, 아이의 모습을 관찰합니다. 생활 리듬을 개선해도 유사발달장애 증후가 가라앉지 않는다면, 학교의 환경 개선도 필요하니 선생님에게 상담을 합시다. 면담은 선생님도 부모님도 어느 쪽도 스트레스가 되지 않도록 할 수 있으면 좋을 것 같습니다. "이렇게 하십시오"라고 일방적으로 말하는 것이 아니라 여기의 요구는 전하고 학교가 할 수 있는 일, 할 수 없는 것을 가르쳐줘서, 최선의 조치를 취할 수 있다면 최선이지 않을까 합니다.

여기서 중요한 것은 상대방이 당신의 요점을 어거지로 수용하게 만드는 기술이 아니라, 존중에 관한 것입니다. 상대에 대한 경의를 가지고, 듣기에 초점을 맞춘 대화를 나누면 반드시 좋은 결과를 얻을 수 있습니다. 선생님도 부모님도 아이의 행복을 기원한다는 목적으로는 동지이기 때문입니다.

학교 환경을 바꿔도 증상이 가라앉지 않으면 의료기관에서 진찰하게 됩니다. 이때 가능한 한 발달장애에 익숙한 의사를 찾아갑시다. 이 문제에 대해서는 제1장의 내용을 참고하시기 바랍니다.

부모님 편

아이가 등교거부를 하면, 생활 개선을 할 기회이다

이제는 주제를 바꿔서 아이가 "학교 가기를 꺼리다" "학교 가기를 거부하다"가 된 경우에 대해서 이야기해보도록 하겠습니다.

아침에 아이가 "학교에 가고 싶지 않다"라고 말하면 어떨 것 같습니까? 아마도 부모님은 충격을 받을 것입니다. 그리고 "왜 학교에 가지 않으려는 거야?"라고 묻거나 "학교는 가야 하는 곳이야"라고 강하게 말하고 싶어질 것입니다.

아이가 학교에 갔으면 좋겠다는 마음은 너무나 이해할 수 있습니다. 하지만 학교에 가지 않는다는 것은 아이에게 있어서 가정에서의 생활밖에 남지 않는다는 것입니다. 이것은 '좋은 생활 개선의 기회'입니다. 꼭 그렇게 생각해주셨으면 합니다.

아이가 "학교에 가고 싶지 않다"라고 말하는 것은, 경험상 초등학교 4학년 정도가 많다고 생각합니다. 만약 그 정도의 시기에 이런 것을 말했다면, 이제부터 하는 필자의 이야기를 꼭 기억해주세요.

제일 먼저 해야 할 것은, 아이가 학교에 가지 않는다는 것을 부모님이 너무 심각하게 받아들이지 않는 것입니다.

아이에게도 "아, 가고 싶지 않구나"라고 말할 정도의 수용하는 태도가 최선입니다. 가기 싫어하기 시작할 때 "학교에는 가지 않으면 안 돼" "공부가 뒤처져" 등 정론을 말해도 아이는 침묵뿐입니다. 그리고 대화가 없어지고 학교 거부가 장기화하는 경우도 적지 않습니다.

"그렇구나, 가고 싶지 않구나"라고 아이의 말을 긍정적으로 받아들이면, 아이는 놀랍니다. 꾸지람을 들을 것이라고 생각했기 때문입니다. 아이도 학교에 가야 한다는 것을 알고 있습니다. **가고 싶지 않다는 마음을 부모님에게 말할 수 있다는 것은 부모님과 자식의 신뢰 관계가 자라는 증거입니다.**

자신이 한 말이 긍정적으로 수용되면, "있잖아, 어제 집에 가는 길에 친구 ○○와 싸웠어" 등 '가고 싶지 않은 이유'를 말해 줄 수도 있습니다. 이런 일이 생기면 상황은 끝입니다. 아이의 이야기를 끄덕이면서 경청해주세요. 일부 아이는 그것만으로도 "그래도, 학교 가지 않으면 공부가 뒤처질 테니, 역시 갈게요"라며 학교로 향해 줍니다.

그러한 상호작용 후에도 "오늘은 학교에 가지 않을 거야"라는 결론이 나더라도 묵묵히 받아들입시다. 아이가 결정한 것을 부모님이 받아들이면, 등교거부가 하루 만에 끝나는 경우도 많습니다.

가장 좋지 않은 것은 학교에 가지 않는 것으로 아이의 인격을 부정해버리는 것입니다. '학교에 가지 않는다 = 그 아이 자신이 나쁘다'는 것은 아닙니다.

부모님 편

학교에 가지 않겠다고 결정하면 아이에게 역할을 맡기자

초등학교 중·고학년 이상의 아이가 학교에 가지 않는다고 결정하면, **"엄마나 아빠는 일이 바빠요. 너는 집에 있으니, 대신 집안일을 해주세요"**라고 약속을 받읍시다.

예를 들어 식사 후 식기를 씻는 것, 세탁기를 돌려 세탁물을 말리는 것, 빨래를 개는 것 등 집에 있기 때문에 할 수 있는 것을 아이의 역할로 합시다.

할 수 있는 것은 뭐든지 좋지만, 생활하는 데 빼놓을 수 없는 작업을 해달라고 합시다. 엄마가 돌아올 때까지 밥을 짓기 위한 준비를 하도록 하는 것도 좋을 것입니다. 쌀을 씻어서 4시에 밥솥 버튼을 눌러주면 도움이 됩니다.

그러한 것들을 제안하고 "해줄래?"라고 협상합니다.

또한 점심밥은 스스로 준비하도록 하세요. "점심값이 너무 아까워"라고 말해, 낮에는 스스로 비용을 들이지 않고 식사를 준비하는 것을 의무로 하게 합니다. 냉동식품을 전자레인지에 데우거나, 컵스프에 뜨거운 물을 붓거나, 아침에 남은 밥을 주먹밥으로 점심을 만드는 등 아이가 할 수 있는 간단한 것이면 됩니다.

아이에게 집안일을 하게 하는 것이 학교에 가지 않는 '벌'은 결코 아닙니다. **목표는 아이에게 역할을 부여하는 것입니다.**

등교거부나 학교 가기 싫어하는 아이는 뭔가 자신감을 잃어버리게 됩니다. 따라서 역할을 주고 그것을 해달라고 해, "고마워, 도움이 되었어"라고 부모님이 말함으로써 아이의 자신감을 길러주는 것입니다. 집안에서 아무것도 하지 않으면 자기 평가는 낮아지지만, 가사를 해줘서 고맙다고 감사 인사를 받으면 자기 긍정감이 높아집니다. **이렇게 해서 가정**

안에서 인격이 인정되어 자신감이 붙으면 언젠가는 반드시 학교에 가게 됩니다. "이런 자신이라면 학교에 가도 괜찮다"라고 생각하게 되기 때문입니다.

잦은 등교거부로 낮과 밤이 바뀌어버렸다, 아침부터 게임에 중독되어 버렸다고 하는 이야기를 자주 듣는데, 제일 피하고 싶은 경우입니다. 밤낮이 역전해버린 후에야 "가사를 해라" "점심밥은 스스로 만들어라"라고 규칙을 정하는 것은 어렵습니다. 그렇기 때문에 학교에 가지 않겠다고 결정한 최초의 단계에서 서로 약속을 하는 것이 중요합니다.

부모님 편
교사와 관계가 너무 나쁜 경우 이렇게 대처하세요

선생님도 부모님도 모두 인간이기 때문에 관계가 좋고 나쁨이 있는 것은 당연합니다. 도무지 좋아할 수 없고, 이야기하고 있으면 불안해지는 선생님도 있을 것입니다.

필자에게 상담 받으러 온 어떤 분은, "선생님과 이야기하는 것이 굉장히 무섭습니다"라고 호소하기도 했습니다. 그래서 그분에게는 선생님과의 대화, 특히 만나서 이야기할 필요가 있는 경우는 아버지(남편)에게 그것을 맡길 것을 조언했습니다.

선생님과 관계가 썩 좋지 않은 경우, 아버지나 조부모님 등에게 선생님과의 교류를 대신하도록 하는 것이 나쁜 것은 아닙니다. 물론 반대로 아버지 대신 어머니와 조부모님이 '선생님과의 면담 담당'이 되는 것도 괜찮습니다. 비교적 관계가 좋은 사람이 소통 창구가 되면 좋을 것입니다.

그렇게 함으로써 부모님과 선생님 모두 스트레스로부터 해방되어 온화하게 보낼 수 있게 됩니다.

대신해주는 사람이 도무지 없는 경우는 연락장이나 편지의 교환, 메일 등으로 요구사항을 전하거나 의사소통을 해주세요. 이렇게 해서 해당 선생님과 거리를 두면서 의사소통을 합니다. 다만 선생님의 단점을 아이 앞에서 말하거나 가족에게 말하는 것은 하지 않는 편이 좋을 것입니다.

　대신해서 교류해줄 사람이 없다면 다른 선생님에게 도움을 요청할 수도 있습니다. 학년 주임, 교감 선생님 등과 상담하는 것도 하나의 방법입니다.

선생님 편

발달장애가 의심되는 아이를 발견하면?

여기서는 어린이집·유치원이나 학교 선생님을 대상으로 발달장애가 의심되는 아이에 대한 지원 방안을 정리하겠습니다.

　집단 속에서 언행이 신경 쓰이는 아이는 발견하기 쉽습니다. 그러한 아이를 발견했다면, 우선 아이의 부적응 행동의 요인이 아이 자신(뇌나 신경)에게 있는지, 환경에 있는지를 냉정하게 파악합시다. 그리고 그 아이가 진짜 발달장애인지 유사발달장애인지를 파악하기 위해 특별지원교육 코디네이터나 관리직 등 전문직 선생님, 혹은 경험이 있는 선생님에게 상담을 해주세요. 가족과도 잘 협조해 팀으로 문제를 해결하는 것이 좋다고 생각합니다.

어떤 경우에도 중요한 것은 청취하고 공감하는 것이다

만약 언행이 신경 쓰이는 아이의 부모님과 이야기하게 되면, 무엇에 주의하면 좋을까요?

아이의 상태를 설명해서 부모님이 패닉을 일으키거나 공격적으로 반론해올 때는, 상대의 모습을 냉정하게 받아들입시다. 높은 수준의 공격성은 종종 불안의 징후입니다. "어머님, 힘드시군요"라고 상대를 비난하지 않고 공감하는 것입니다. **앞의 부모님 편에서도 언급했지만, 경청의 자세로 상대의 이야기를 듣고 서로 존중하는 태도로 대화를 하는 것이 매우 중요합**

니다. 그렇게 부모님이 어떤 어려움을 겪고 계시는지, 무엇에 불안을 느끼고 있는지 차근차근 들어봅시다.

대화 중에 아이의 가정환경에 대해서도 확인을 해서, 그 위에 '생활 개선'의 제안을 합시다. 숙제를 전혀 해오지 않는 아이라고 해서 그 부모님에게 "자녀에게 숙제를 하게 해주세요"라고 해도 아마 효과는 없을 것입니다.

아이의 생활 리듬의 중요성을 부모님께 잘 전달하면서 생활 개선에 중점을 둔 이야기를 할 수 있으면 좋을 것 같습니다. 어떻게 보면 멀리 돌아가는 길이지만, 그것이 아이의 학습 의욕을 올리는 지름길이기도 합니다.

선생님 편
수면 개선으로 학급의 정리정돈도 분위기도 바뀐다!

부모님뿐만이 아니라, 아이에게도 직접 생활 리듬 개선의 중요성을 전합시다.

 선생님과 아이들 사이에 신뢰관계가 구축되어 있고, '선생님이 실행해서 훌륭하다고 확신하고 있는 것'이라면, 아이는 반드시 믿고 실행해줄 겁니다(이를 위해서 선생님도 생활 리듬을 정돈합시다! 그것을 위한 요령은 뒤에서 정리하겠습니다).

 예를 들어 여름방학을 보내는 방법을 지도할 때, 아침 5시에 일어나 산책하면 좋은 것, 공부는 아침이 제일 효율이 좋은 것 등 지금까지 이 책에서 설명해온 이야기를 아이가 잘 알 수 있도록 확실히 말해주세요.

 이때도 "공부하기 위해서, 일찍 일어나세요!"라고 막연하게 말하는 것이 아니라, 아이가 두근두근 할 수 있는 전달방식으로 "○○에게 좋은 것 가르쳐 줄게. 성적이 더 오르는 방법이야. 실은 선생님도 실천하고 있는데, 일찍 일어나면…"라고 이야기하면, 아이는 흥미를 보이며 듣습니다. 언행이 신경 쓰이는 아이에게는 시간을 할애해서 따로 전달하면 좋을 것 같습니다.

 "나도, 5시에 일어나고 싶어요!" "일찍 일어나고 싶어요!"라

고 하는 아이가 늘어나면, 학급 전체의 분위기도, 정리정돈
도 분명 좋아질 것입니다.

요주의 아이가 바뀌는
간단한 칭찬 방법

신경 쓰이는 아이와의 관계에 있어서 그 밖에 중요한 것이
있습니다. 바로 학습 이외에 그 아이가 돋보이는 부분을 발
견하여 모두 앞에서 칭찬하는 것입니다.

언행이 신경 쓰이는 아이라는 것은, 사실 불안이 매우 강
하고 '자신은 다른 아이와 같이 할 수 없다'라고 자각하고
있는 경우입니다. '할 수 없다'라는 생각으로 가득한 아이의
마음에 자신감을 심어주면 좋을 것입니다.

아침에 현관에 흩어져 있던 신발을 자연스럽게 정리하고
있거나, 학교에 온 손님을 교무실까지 안내하는 등 실제로

하고 있던 좋은 행동을 '인정할 수 있도록 칭찬'하는 것이 중요합니다. 과장되게 칭찬할 필요는 없습니다. 선생님에게 무언가를 인정받은 아이는 조금씩이라도 바뀝니다. 눈앞의 아이가 자신과의 관계로 바뀌는 것은 선생이라고 하는 일의 묘미가 아닐까요.

선생님 편
아이의 특징을 파악하는 것은 매우 중요하다

어떤 경우에도 중요한 것은 그 아이의 특징을 알아두는 것입니다.

일상생활에서 그 아이를 관찰하고, 행동 패턴이나 감정의 표현 방법, 기분이 좋은 때와 나쁜 때의 차이 등을 정리해둡시다. 그것은 부모님이나 전문가에게 상담할 때도 도움이 되므로 추천합니다.

아이가 문제를 일으키는, 신경 쓰이는 행동을 할 때는 그 이유가 무엇인지, 어디에 있는지 알면 대처방법을 생각할 수 있습니다. 불안이 강한 아이는 유사발달장애라 하더라도 고집이 세지는 경우가 있습니다. 손을 씻는 시간이 길어지고, 끈질기게 같은 것을 확인하거나 질문합니다. 분실물이나 잃어버린 물건이 많은 것도, 본인의 부주의 이전에 가정의 경제 궁핍 등 다른 요인이 있는 경우도 많습니다.

또한 분실물이 많다고 해서 벌을 주는 것은 아무 효과가 없습니다. 좋은 일이 있으면 어쨌든 칭찬하고 그 행동을 강화하고, 곤란한 일이 있어도 벌은 주지 않고 무시하는 것입니다. 처벌은 아이의 불안과 공격성을 늘릴 뿐 아이의 상태는 더 나빠집니다.

교실에서 선생님이 꾸짖는 것에 공포를 느끼는 아이들은 많고, 그 때문에 학교에 가고 싶지 않게 되어 등교거부를 하는 아이도 있습니다. 아이를 꾸짖고 싶어지는 기분은 알겠지만 효과는 상당히 낮고, 오히려 아이들의 불안을 가중시켜 학급 붕괴로 이어질 수도 있습니다.

선생님이야말로 수면 시간 확보를 중요하게 생각해야 한다

선생님은 항상 초과근무를 하게 됩니다. 특히 최근에는 너무 일이 많고 장시간 노동의 상태화가 문제가 되고 있습니다.

옛날에는 학교에서는 학문을 가르치는 것만으로 충분했습니다. 그러나 지금은 아이의 학습 능력의 향상을 촉진할 뿐만 아니라, 생활 지원에 관련된 업무도 있습니다. 게다가 어떻게 하면 눈앞의 아이에게 학습 내용이 들어가는지 생각하지 않으면 안 됩니다. 의미 있는 일이지만 매우 힘든 것도 사실입니다. 또한 바쁜 부모님에게 맞추어 밤에 면담이 이루어지는 경우도 있어, 결과적으로 선생님의 근무시간이 길어지는 일도 적지 않습니다.

선생님이 되려는 사람은 대부분 성실합니다. 교육 학부에서 가르치게 되면서, 또 학교와 관계를 맺으면서 많이 느끼고 있습니다. 성실하게 일에 임해 혼자서 뭐든지 해버리는 사람도 많습니다. 하지만 그렇게 해서 자신이 감당할 수 있는 한계를 넘어 부서져 버려서는 의미가 없습니다. 학교의 구조상 어려운 일도 있겠지만, 가능한 한 혼자서 껴안지 말고 주위와 협력하면서 일을 해야 합니다.

지금까지 반복해서 언급해왔지만, 아이뿐만이 아니라 어른에게도 적절한 수면 시간의 확보와 생활 리듬의 안정이 필요합니다. 충분한 수면과 안정된 생활이 건강한 정신으로 이어집니다. 물론 어려운 것은 잘 압니다. 그래도 어떻게든 시간을 잘 사용해 '수면 시간'을 확보했으면 합니다. 푹 자고 난 후에 더욱 효율적으로 일이 진행될 것입니다. 또한 일찍 일어나서 일을 끝내는 편이 능률도 오르고, 작업 시간이 짧아집니다.

아이는 매우 민감합니다. 그러므로 가까이 있는 성인이 불안정해지면, 아이도 불안정해집니다. 이것은 부모님과 자식뿐만 아니라 교사와 학생 사이에서도 일어날 수 있습니다.

필자는 일 때문에 여러 학교에 가는데, 그때 실감하는 것이 '선생님이 바뀌면 크게 바뀌는 아이가 많다'는 것입니다.

교육현장에서는 아이들이 학습하기 쉬운 환경으로 하는 것이 중요하고, 그 환경 요인에는 선생님도 포함됩니다. 차분하고 온화한 기분으로 선생님이 가르치면, 아이들의 뇌는 쑥쑥 자랍니다. 선생님의 정신을 정돈하는 것은 '환경조정' 측면에서 매우 중요한 요소가 됩니다.

바쁜 선생님에게 이런저런 압박을 하고 싶지는 않지만 우선 선생님의 생활을 가능한 한 안정시켜, 선생님이 차분한 상태로 아이들을 이끌 수 있도록 해주시면 좋겠습니다.

그러기 위해서는 앞서 말한 것처럼, 모든 것을 혼자 껴안고 가지 않을 것이 중요합니다. 바쁜 와중에도 다양한 아이와 마주하는 선생님이기 때문에, 일찍 자고 일찍 일어나서 능률을 올려 일을 해주었으면 합니다. 그런 일이 가능한 사회가 되길 바랍니다.

제 5 장

육아의 목표는
훌륭한 원시인을
키우는 것

일단은 아이를 원시인으로
키워야 한다

지금까지 유사발달장애 아이에 관해서 다양한 이야기를 했습니다. 그러나 유사발달장애이든 아니든, 모든 아이를 키우는 데 중요한 것은 공통적입니다. 마지막 제5장에서는 육아에 공통되는 중요한 포인트를 이야기하겠습니다. 아이를 키울 때의 힌트로 생각해주시면 좋겠습니다.

우선 영유아기 양육의 기본에 대해 이야기하겠습니다. 그것은 바로 '아이를 훌륭한 원시인으로 만드는 것'입니다. 갑자기 훌륭한 원시인이라고 해서 놀란 분도 있을지도 모르겠네요. 무슨 이야기인지 차례대로 설명해보겠습니다.

사람이 태어나기 전에 태내에서 생물의 진화 역사를 재현하고 있는 것을 아십니까?

우리 인간은 '어류→양서류→파충류→포유류'라고 하는 계통발생 속에서 태어난 동물입니다. 그런데 사실 그 생명의 진화 흔적이 태아가 어머니의 태내에서 성장해 태어날 때까지의 10개월 10일 동안 재현되고 있습니다.

임신 32일째 어머니가 임신을 깨달을 무렵, 태아의 얼굴은 여전히 아가미가 있는 물고기와 같은 상태입니다.

그 후 어류에서 양서류로 진화하도록 코 등이 형성됩니다. 코가 형성된 후 바로 옆에 있던 눈이 서서히 정면으로 움직여, 코와 함께 마침내 포유류의 영역에 들어갑니다.

이후에 조금씩 태아는 인간이 되어 갑니다.

사람은 이렇게 태내에서 진화 과정을 반복한 뒤, 이 세상에 탄생합니다.

즉 신생아는 인간의 형태를 하고 있지만, 아직은 '인간이 되어 가는 과정' 중에 있습니다. **아직 '동물'이기 때문에 원시인이 되지 못한 상태입니다.** 사람의 진화 과정에 따른다면 우선 목표로 하는 것은 훌륭한 원시인이고, 거기서 서서히 문명을 다룰 수 있는 '현대인'이 되어가면 됩니다.

이것은 앞에서 반복해 온 '올바른 뇌 육아' 순서와도 일치하는 이야기입니다.

뇌 속에서 제일 키워야 하는 것은 자고·먹고·움직이는 것을 잡고, 살기 위해서 빠뜨릴 수 없는 일을 하는 '몸의 뇌'라고 반복해서 말했습니다. 그다음으로 생각하거나, 상상하기 위한 '영리한 뇌', '마음의 뇌'를 기릅니다.

몸의 뇌를 키우기 위해서는 일찍 일어나 잘 먹고 잘 자는 것을 반복하는 것이 중요합니다. 그런데 '해가 뜨면 일어나서 살기 위해 잘 먹고, 해가 지면 몸을 지키기 위해 안전한 곳에서 바로 잠을 잔다'는 바로 원시인의 생활과 같습니다.

그러므로 몸의 뇌를 키우는 생활은 자연계에서 살아남는 원시인의 생활과 같습니다. 그리고 원시인의 삶 속에서 자라는 '살아가는 기술'은 문명이 아무리 진화해도 변함없는, 살아가는 데 중요한 일이라고 할 수 있습니다.

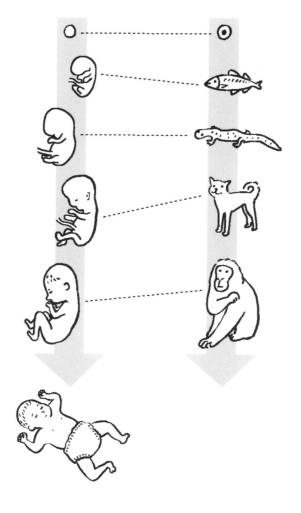

사람은 태내에서 생물 진화의 역사를 재현한다.

왜 자기 목숨을 지킬 수 없는
사람이 늘어나는가?

몸의 뇌에는 위험이 다가올 때 지령을 내고, 거기에서 도망 친다는 기능이 있습니다. 영리한 뇌가 발달하고 있어 고도 의 계산을 할 수 있고 몇 개 국어를 할 수 있다고 하더라도, 몸의 뇌가 자라지 않으면 자신이 '지금 위험한 게 아닌가? 도망가야 하는 게 아닌가?'의 판단은 할 수 없습니다. 이 판 단을 못하면 사람은 죽습니다. **원시인의 생활에서 키우는 것 은 자신의 생명을 지키고 살아가기 위한 기술입니다.** 생명을 지 키는 것은 당연한 일이라고 생각할지도 모르지만, 이것을 할 수 없는 아이나 어른이 많습니다.

부모님이 먼저 해야 할 것은 아이가 '이 세상을 살아남기 위한 뇌=몸의 뇌'를 만드는 것입니다. 훌륭한 몸의 뇌가 자라 면, 그 뒤에 발달하는 영리한 뇌와 마음의 뇌도 확실히 자라 서 인간으로서 사회에서 살아남을 수 있습니다. 이 소중한 시기에 철야로 공부를 시키거나 학원 과외를 몇 개나 시켜 충분한 수면 시간을 취하지 않으면, 언젠가 사회생활을 할 수 없게 되는 경우가 많습니다. 지금까지 든 예를 통해서도 알 수 있으리라 생각합니다.

육아에는 고민이 따릅니다. 다만 다른 집과 비교해 "우리는 아직 글자도 읽을 수 없어" "○○는 영어를 시작했다고 하고, 서둘러 공부시키지 않으면 안 되겠어" 등 초조할 필요는 전혀 없습니다. 비교한다면, 다른 아이보다 '원시인답게 살아가고 있는가'를 비교해주세요.

인간은 천천히 성장하는 동물입니다. 어렸을 때의 초조함으로 뇌의 균형을 무너뜨리면, 어른이 되고 나서 다시 세우는 데 시간이 걸릴 수도 있습니다.

아이의 미래를 위해서라도 철저하게 훌륭한 원시인을 목표로 합시다.

아이에게 알려줘야 할 것은
'자기, 먹기, 도망가기'의 기술

뉴스나 생활에 관한 조사 결과 등을 보고 있으면, 어른 중에도 몸의 뇌가 충분히 자라지 않는 사람이 많다고 느낍니다.

예를 들어 과로사의 증가가 그것을 이야기하고 있습니다. 과로사 방지를 위한 대책도 강구되고 있지만, 과로사가 줄고 있다고는 말할 수 없습니다. 요양·보육·장애인 복지의 현장에서 과로사가 늘고 있다는 보고도 있습니다.

사람에 따라 상황이 달라 일괄적으로는 말할 수 없겠지만, 몸의 뇌가 자라면 잠을 자거나 먹을 틈도 없는 노동환경에서는 도망치게 되어 있습니다. "자지 못하고 먹을 수 없다"라는 사태의 심각함을 뇌 전체에서 알고 있기 때문입니다.

반대로 몸의 뇌가 자라지 않으면, 스스로 자신의 수명을 짧게 하는 어른이 되어 버립니다. 일이 바쁘다고 해서 식사를 거릅니다. 자는 시간을 줄여 일을 하고, 수면 시간을 확보할 수 없는 사람이 됩니다. 몸의 뇌로부터의 지령도 없기 때문에, 그 환경으로부터 도망칠 수도 없습니다. 이런 생활을 계속하고 있으면 마음의 병을 앓거나 갑자기 심장이 멈추어도 이상하지 않을 것입니다. **즉 몸의 뇌가 자라지 않으면 사회 속에서 살아남을 수 없게 되는 것입니다.**

먹고 자는 것은 살아 있으면 당연히 할 수 있는 것처럼 생각합니다. 하지만 실제로는 다릅니다. 먹고 자는 것은 훌륭한 기술이며, 이것을 가르칠 수 있는 것은 아이의 주위에 있는 어른 밖에 없습니다.

그리고 먹고 자는 것을 제대로 배운 아이는 무엇이 정말로 위험한 것인지 알고, 거기로부터 도망칠 수도 있게 되는 것입니다. **인생을 살아남는 데 무엇이 소중하고 무엇이 중요하지 않은지, 그것을 다시 되돌아보고 아이에게 살아가기 위한 기술을 가르쳐 줄 수 있으면 좋겠습니다.**

이 세상을 살아가려면
'자신을 아는 힘'은 매우 중요하다

유사발달장애 아이 중에는 자신이 어떤 상태인지, 어떻게 하고 싶은지 모르는 등 자신에 대한 감각이 부족한 경우가 있습니다.

여기에 자율신경 불균형이 더해지면 스스로의 컨디션이 나쁨을 눈치 채지 못하고, 알아차렸을 때는 쓰러져 있을 수도 있습니다. 현재 자신의 마음이나 몸의 상태에 의식하는 것이 서툰 아이가 많습니다.

수많은 상담을 진행하다 보면, 유감스럽게도 가정에서의 부모님과 자식의 본연의 자세도 관련되어 있는 것처럼 느껴집니다. 자신의 상황을 파악하는 힘, 마음이나 몸의 상태를 느끼는 힘은 스스로 시행착오를 반복함으로써 성장하지만 그 기회가 압도적으로 적습니다. 이것은 부모님이 자녀의 행동이나 실패를 예측하고 앞서나가기 때문입니다. **부모님이 열심히 하는 것으로, 아이가 스스로 느끼고 생각하고 행동할 기회**

를 빼앗고 있는 것입니다.

학교 등에서 행동을 지적받아 '우리 아이의 언행에 문제가 있을지도 몰라'라고 생각하고 있는 부모님이라면, 더욱 아이를 실패시키지 않도록 앞서나가거나 과잉 간섭을 해버립니다. 이렇게 되면 자신에게 의식을 향해서, 거기서 알았던 것을 기초로 행동하는 훈련을 할 수 없습니다.

자신을 모르면 어른이 되었을 때도 중요한 상황에서 판단을 할 수 없게 됩니다. 이것은 사회에 나온 후 매우 어려운 일 중 하나입니다.

예를 들어 내일 사운을 건 중요한 발표가 있다고 합시다. 당신은 몇 달에 걸친 프레젠테이션 준비에 조금 지쳐있습니다. 사실은 빨리 집에 돌아가 내일을 위해 쉬는 편이 좋은 상황입니다. 그럴 때 친한 동료에게 술 한 잔 하자는 권유를 받습니다.

만약 자신을 알지 못하고 지금 어떻게 해야 할지 판단하고 행동할 수 없으면, '즐거울 것 같으니까'라는 이유로 술자리에 가버릴지도 모릅니다. 이렇게 되면 어쩌면 다음 날 아침 일어나지 못해, 프레젠테이션에 지각할 가능성과 프레젠테이션에 실패할 가능성도 있을 수 있습니다. **자신을 알고 있어서 그것을 바탕으로 판단·행동할 수 있다는 것은 사회에서 살아가는 데 있어서 매우 중요한 힘입니다.** 이 힘을 늘리려면 부모님이 관련되지 않고 아이에게 판단하게 하는 훈련을 의식적으로 실시하는 것이 좋습니다.

자신에게 의식을 돌리면 자기긍정감은 자연스럽게 올라간다

자신을 잘 알고 있고, 그것을 바탕으로 냉정하게 판단할 수 있게 되면, 자기긍정감도 올라갑니다. 유사발달장애 아이는 어린이집·유치원이나 학교에서 할 수 없는 것을 지적받는 경우가 많습니다.

친구와 함께 역할놀이를 할 수 없고, 다른 아이들처럼 이야기를 들을 수 없고, 분실물이나 실수가 많은 등…. 당연할지 모르지만 인간은 누구도 완벽하지는 않습니다. 발달장애 증상이 전혀 없는 아이라도 할 수 없는 것도 있고, 서툰 것도 있습니다. 하지만 "발달장애일지도?"라고 선생님으로부터 듣는 아이들은 할 수 없는 것을 타인으로부터 지적받는 것이 많아져, 자기긍정감이 높아지기 어렵습니다. 그런 와중에도 자신을 잘 알고 있다면, 즉 '자신 나름대로 잘하는 것'을 스스로 알고 있으면, 자신을 사랑하고 믿을 수 있게 됩니다.

"여러 사람들한테 바보 취급 당하거나 혼나기도 하지만, 나는 정확히 밤 8시에는 자고, 아침 5시에 일어나 공부하고 있다. 아무튼, 나도 버려진 것은 아니다"라고 말입니다.

이런 식으로 생각하면 성과가 나오지 않더라도, 누구에게나 평가받지 않더라도, 스스로 "이건 할 수 있어"라고 인정할 수 있게 됩니다. 이것이 매우 중요합니다.

주위에 좌우되지 않고, 자신의 장점을 스스로 발견할 수 있으므로, 자연스럽게 자기긍정감도 높아집니다. 이러한 것을 어른이라도 잘 못하는 사람이 많지 않을까요?

스스로 자신을 인정받는 뇌를 만들기 위해서라도, 자신에

게 의식을 향해 자신을 제대로 알 수 있도록 자녀를 키우는
것이 중요합니다.

육아의 핵심은 '고마워' '미안해'이다

가정에서 아이의 자기긍정감을 높이는 방법을 한 가지 소개
하겠습니다.

제2장에서도 말한 내용으로, 집안에서 아이의 역할을 만드
는 것입니다. 빨래를 개고, 현관을 청소하고, 쓰레기를 버리
고, 다림질을 하고⋯, 뭐든 상관없습니다.

만약 아이가 확실히 자신의 역할을 한다면, 당신이라면 뭐
라고 말씀하시겠습니까? "고마워"라고 감사를 전하는 분이
많지 않을까요?

가까운 사람에게 "고마워"라고 들으면 그 자체로 자기긍정
감이 증가합니다. 아이들에게 고맙다는 말을 듣는 경험을

많이 하게 해주세요. 아이의 집에서의 역할에는 그런 의미도 있습니다.

만약 아이를 행복하게 하고 싶다고 해서, "○○는 공부하는 것이 일이니까!"라고 집에서 공부만 시키거나, 지육(智育)이나 교육이라는 말에만 반응해 아이와 관계를 맺으면, 아이들은 언제나 보호받고 공급받는 존재일 수밖에 없습니다. 이렇게 되면 '자신이 뭔가를 하고 다른 사람에게 감사하는 경험'을 할 수 없습니다.

아이에게 역할을 주고, 그 아이가 없으면 생활이 돌아가지 않게 되는 환경을 만들면, 필연적으로 부모님은 아이에게 고맙다고 말하게 됩니다. 이러한 역할과 사람으로부터 받는 감사가 아이의 자기긍정감을 끌어 올립니다.

특히 유사발달장애 아이에게 집안에서의 역할은 더욱 중요합니다. 선생님에게 지적만 받고 있어서 부모님을 힘들게 하고 있거나, 자신이 부모님을 귀찮게 하고 있어 짐이 되고 있다는 사실을 아이도 부모님이 생각하는 이상으로 알고 있습니다. 그중에는 "부모님을 힘들게 하고 있어 죄송합니다" "부모님에게 짐이 되고 있는 자신은 없는 편이 좋지 않을까요?"
라고 마음속으로 생각하고 있는 아이도 있을 것입니다.

　그렇기 때문에 아이가 자연스럽게 감사받을 수 있는 상황
을 만들어내는 것이 중요합니다. 챙겨 받기만 하는 자신이
아니라, 자신에게도 "고마워"를 들을 수 있는 장소가 있다는
생각이 아이의 마음을 지지합니다.

　또한 "감사합니다" "미안합니다" 같은 상호작용은 사회에
서 의사소통을 할 때의 기초입니다. 이것을 할 수 없는 사람
이나 거래처라면, 그 누구도 새로운 관계를 구축하고 싶어하
지 않을 것입니다. 사람과 사람 사이의 신뢰에 관여하는 중
요한 말이며, 사회에서 살아가는 데 빼놓을 수 없는 말이라
고 할 수 있을 것입니다.

　가족이라는 인간관계 속에서 부모님이 "미안해"를 해야 할
때, 이를 말함으로써 아이에게 '미안해'를 사용한 의사소통
도 가르쳐줍시다. 예를 들어 부모님이 자녀와 한 작은 약속
을 잊어버렸을 때 부모님 자신이 틀렸다는 것을 깨달으면,
미안하다고 진심으로 사과해야 합니다. 여기서 사과를 한다

"고마워"라고 들을 수 있는 환경을 만들어갑시다.

고 위엄이 없어지는 것은 아닙니다. 오히려 사과하지 않는 게 아이에게 나쁜 본보기를 보이게 됩니다.

도움을 받으면 "감사합니다", 자신이 잘못했으면 "미안해", 이러한 상호작용이 가정에서 이루어지면 사회에 나와도 똑같이 감사하거나 사과할 수 있습니다. 반대로 이것조차 제대로 되지 않은 채 사회에 나오면, 반사적으로 이러한 것들이 나오지 않는 사람이 됩니다. '의사소통에 서툰'이라는 평을 듣게 되고, 상대의 기분을 모르는, 적절한 의사소통을 제대로 할 수 없는 사람이라고 평가되는 것입니다. 만약 학교 등에서 이런 모습이 보이면 '언행이 신경 쓰이는 아이'라고 선생님이 생각할지도 모릅니다.

육아에서 중요한 것은 의사소통을 이용해 사회에서 살아가는데 필요한 모든 것을 얻는 방법을 아이에게 가르치는 것입니다. 그 핵심이 되는 것이 바로 "고마워"와 "미안해"입니다.

부모님에게 중요한 것은
아이를 신뢰하는 것이다

할 수 없는 것에 도전하는 것은 성취감을 얻고 성장하기 위해 매우 중요합니다. 누구나 처음부터 무엇이든 잘할 수 있는 것은 아닙니다. 실패하고 타인에게 폐를 끼칠 수도 있습니다. 그런 때는 제대로 "미안해"라고 말하고 다시 시도하면 좋겠지요. 실패로부터 많은 것을 배우면 됩니다. 도전하는 것은 부모님이 아이를 믿지 않으면 할 수 없습니다.

유사발달장애라고 듣는 아이라도, 특히 부모님이 걱정해서 앞서가거나 간섭을 해버리는 사례를 볼 수 있습니다. 하지만 그렇게 하면 아이가 성장할 수 없습니다. 과감히 아이를 신뢰하고 맡겨 봅시다. 아이를 믿고 스스로 생각하고 결정하게 하는 것입니다. 결정한 것이 잘못되었을 수도 있지만, 먼저 거기서부터 시작합니다. 만약 잘못되어 있는 것을 깨달았다면, 궤도 수정을 하면 됩니다.

실수를 알고 궤도 수정을 할 때 부모님은 조언을 할 수 있지만, 부모님의 의견을 강요하는 것만은 피합시다. 그렇게 되면 스스로 결정한 것이 아니게 됩니다. 부모님은 여러 가지 선택지를 제시하고, 아이가 선택하게 하는 것입니다. 그것이 부모님의 역할이 아닐까요?

아이의 가정에서의 역할을 결정할 때도, "너는 세탁을 담당해"라고 마음대로 결정해버리지 않도록 합시다. 또한 요리는 부엌칼이 위험하기 때문에 안 된다고 선택을 좁히지 말아주세요.

만약 아이가 설거지를 하다가 접시를 깨버리면, 그것도 아이가 자랄 기회로 합시다. 아무 생각 없이 꾸짖는 것이 아니라, 예를 들어 "식기는 깨지는 거니까 괜찮아! 다음부터 어떻게 잡으면 깨지지 않을 거라 생각해?"라고 말하면 어떨까요? 다음에는 깨지 않기 위해 함께 생각합시다. 실패해도 괜찮다고요. 다음부터 어떻게 하면 좋을지 생각하는 기회가 되도록 아이에게 체험의 기회를 주면 좋을 것입니다.

게다가 부모님이 그러한 자세를 갖고 있다면, 아이는 실패한 사람을 용서할 수 있습니다. 이것이 집단생활에 필요한 것이 아닐까요? 가정생활에서 아이는 중요한 것을 많이 배울 수 있습니다. 학습이란 책상에서 하는 공부만이 아닙니다.

실패 끝에 무언가가 계속해서 할 수 있게 되면, 그 아이의 마음에는 자신감이 생겨 새로운 것에 임할 때도 '불안하지만 괜찮아, 열심히 해보자'라고 생각하게 됩니다.

올바른 뇌 육아를 해주시고 있는 가정이라면, 아이는 푹 자게 되고 그러면 뇌에는 세로토닌이 나옵니다. '분명히 괜찮을 거야'라고 생각하는 힘이 쑥쑥 자라날 것입니다.

주변 사람에게 의존하는 모습을 보이고 있습니까?

가사, 육아, 일 등을 누군가와 분담하고 있습니까? 제대로 다른 사람에게 의존하고 있습니까? 성실하고 책임감이 강한 사람일수록, 일도 가사도 혼자 껴안고 가는 경향이 있습니다. 만약 지금 다양한 일을 혼자서 해내고 있다면, 누군가에게 맡기는 것을 시작해보세요.

누군가에게 도움을 요청하는 힘은 살아가는 데 빼놓을 수 없는 것이며, 부모님이 그 힘을 가지고 있는 것으로 육아는 크게 바뀝니다.

저도 '육아과학 엑시스'에서는 수많은 직원들에게 의지하고 있고, 다른 사람에게 도움을 받아 일을 하고 있기 때문에, 날마다 감사하고 있습니다. 가정에서도 마찬가지입니다. 필자의 딸도 중학생 때부터 아침밥을 준비하는 역할을 담당하고 있습니다(역할은 나이나 상황에 따라 바꿔도 상관없습니다). 지금은 맛있는 달걀 프라이를 만들어줍니다. 아침에 달걀 프라이를 먹으면 딸에게 자연스럽게 "맛있네, 고마워"라고 말할 수 있습니다.

혼자서 껴안지 않고 누군가에게 도움을 요청하는 힘이 필요한 것은, 부모님에게도 아이에게도 마찬가지입니다. 특히 육아에 고민하고 있는 부모님은 주위에 도움을 요청해보세요. 많은 사람에게 의존하는 것으로 기분도 편해지고, 아이는 좋은 방향으로 바뀝니다. 학교에는 다양한 입장의 선생님이 있습니다. 학교 선생님에게 말하기가 어렵다면, 지역 상담 창구에 이야기하는 것도 좋습니다.

부모님이 많은 사람들에게 도움을 요청하는 모습을 아이는 보고 있습니다. 그러면, **"곤란할 때는 누군가에게 상담하면 돼"**라고 아이도 배울 것입니다.

자립이란 '혼자서 모든 것을 할 수 있게 되는 것'이 아닙니다. **스스로 생활을 꾸려나가기 위해서 사회에서 의사소통을 하고, 자신에게 필요한 것이나 도움이 있으면 그것을 타인으로부터 받아, 그것을 사용해 살아가는 것입니다.**

그것이 자립입니다. 부모님이 그것을 실천하고 있다면, 아이도 자연스럽게 할 수 있게 됩니다. 이것이야말로 육아에 있어서 정말로 중요한 것이 아닐까요?

부모님의 삶을 바꾸면
육아가 잘된다

아이의 뇌는 부모님을 비롯한 주위의 어른이 제공하는 생활에 좋든 나쁘든 영향을 받습니다. 그렇기 때문에 아이들에게만 뭔가를 하고자 하는 것을 그만 두십시오. 먼저 변해야 할 대상은 부모님입니다.

부모님이 각오를 하고 축은 흔들리지 않고 생활을 바꾸면, 아이는 그 모습을 보고 자신의 행동을 바꾸어 갑니다.

생활을 바꾸는 것에 대해서는 앞에서부터 반복해서 강조했습니다.

제때 먹고 정확히 잠자리에 드는 것, 이 생활을 반복하는 것, 곤란할 때는 누군가에게 상담하고, 위험이 다가오면 거기에서 도망치는 것입니다. 그리고 "고마워" "미안해"를 해야 할 때 제대로 말하고, 사회에서 의사소통을 잘하는 것입니다. 전부 당연한 일이지요. 당연한 일을 당연히 할 수 있게 되면, 아이의 신경 쓰이는 행동도 조금씩 개선되어 갈 것입니다.

수면이 잘 되지 않는 아이의 부모님은 대체로 수면 부족입
니다.

충분한 수면을 취하고 있지 않기 때문에 몸의 뇌기 잘 작
동하지 않습니다. 호르몬과 자율신경 기능이 저하되어 두통
과 복통, 요통, 두근거림, 피로감 등 몸 곳곳에 부조화가 발생
합니다. 그렇게 하면 일이나 가사의 효율이 떨어지고, 생활
이 잘 돌아가지 않게 됩니다. 이것은 가족의 삶에도 영향을
미치므로 가족 간에 안절부절 못하는 경우가 많습니다.

안절부절못하고 짜증이 높아지면 가족들 사이에서 감정적
인 말을 교환하거나 불필요한 싸움이 일어날 수도 있습니다.
가정이 천천히 몸을 쉴 수 있는 장소가 아니고, 뭔가 진정되
지 않는 힘든 장소가 되어 버리는 일도 적지 않습니다.

그렇게 되지 않기 위해서라도 우선은 부모님이 제대로 수
면을 취합시다.

그것만으로도 일도 가사도 효율적으로 처리할 수 있어, 눈
앞의 사건에 대해서 냉정한 판단도 할 수 있습니다. 여유를

가지고 미소로 가족과 접할 수도 있습니다.

이 세상에서 가족을 위해 노력하고 있는 엄마 아빠는 정말 많지만, 그 열심히 하는 것이 어긋나고 좋은 결과를 낳지 않은 경우도 적지 않습니다. 자신의 즐거운 시간은 포기하고 혼자서 가사나 일의 모든 것을 껴안고 가는 것은 좋은 방법이 아닙니다. 그렇게 되면 아이가 배우는 것은 '일상을 소홀히 하고 자신을 희생하는 삶의 방식'일 뿐입니다. 이것이 뇌 발달에 좋은 결과를 낳지 않는다는 것은 앞에서 계속 언급해왔습니다.

부모님이 해야 할 일은 자신이 살아 있는 모습을 통해 아이를 인도하는 것입니다.

그 때문에 자신의 즐거움이나 행복을 버릴 필요는 전혀 없습니다(그렇다고 제대로 된 생활까지 손을 놓으라는 것이 아닙니다. 양쪽의 균형이 필요합니다). 부모님이 즐거운 것을 발견하고 안정된 생활 리듬에서 행복한 감정을 가지고 있다면, 육아에도 좋은 영향을 미칩니다. 그것 역시 제대로 생활하는 것이라고 할 수 있습니다.

아이를 바꾸려고 너무 몰입하기 전에 자신의 삶의 축이 흔들리지 않았는지, 다시 한번 검토해봅시다.

평생에 걸쳐 도움이 되는 건강과 안정에 필요한 뇌를 어릴 때 확실히 기르고, 훌륭한 원시인으로서의 기초를 만드는 것은 부모님에게 달려 있습니다.

우선 내일부터 아이를 일찍 깨워 아침 햇살을 받고 함께 산책해보세요. 단 5분이라도 괜찮습니다. 부모님과 자식 간에 웃는 얼굴로 보낼 수 있는 시간이 반드시 늘어날 것입니다.

마치는 글

이 책을 읽어보고 어떠셨습니까?

 유사발달장애 아이들이 있다는 것, 그리고 발달장애의 정의에 대하여 보다 깊게 지금까지와는 다른 각도로 이해할 수 있는 기회가 되었으리라 생각합니다.

 또한 이 책에서 소개한 '유사발달장애로부터 벗어나기 위한 방법'은 누구라도 곧바로 실천할 수 있는 내용이라고 자부하고 있습니다. 먼저 가족과의 생활을 개선해보고, 도무지 아이가 변하지 않거나 본인도 학교나 생활 곳곳에서 힘들어 하고 있는 것 같으면, 신뢰할 수 있는 의료기관에 상담해보는 것도 하나의 방안이 될 것입니다.

 이 책에서도 전달했듯이, 일본에서는 '발달장애가 아닐까' 하고 의심되는 아이가 급증하고 있습니다.

필자는 그 현상을 수년간 목격해왔지만, 그것에 대해 책을 쓰려고 생각하지는 않았습니다. 사실은 원래 '발달장애'라는 단어가 들어간 책의 출판을 꺼려했던 것이 본심입니다.

'육아과학 엑시스'에서 매일 하고 있는 것처럼, 부모님이나 자녀와의 일대일 상담에서는 최선을 다해 발달장애나 유사 발달장애의 개념에 대해 설명할 수 있습니다. 그러나 책이라는 형태가 되면 혼잣말처럼 되어버릴 가능성이 있어, 여러 가지 입장의 독자에게 오해를 줄 수 있다고 생각하고 있었습니다. 그럼에도 마음을 바꿔 이 책을 쓰려고 생각한 것은 '발달장애'라고 하는 말에 휘둘리게 되어, 어려움을 겪고 있는 아이와 그 가족이 점점 많아지고 있다고 느끼고 있었기 때문입니다. 그런 분들에게 제대로 알리고 싶은 것이 있었기 때문입니다.

요즘 아이들에 대해 너무 많은 '발달장애' 진단 풍조와 과잉이라고도 생각되는 약물 치료에는 많은 전문가가 의문을 가지고 있습니다. 저도 무수히 많은 아이들과 그 가족과 관계해왔고, '발달장애'라는 단어 자체가 가지는 위험성을 깨

닫게 되었습니다. 거기에는 다소의 리스크(오해나 곡해 등)를 각오하더라도 알리고 싶은 사실이 있었던 것입니다.

그것이 이 책에서 전한 '유사발달장애'라고 필자가 이름 붙인 아이들의 존재입니다.

유사발달장애에 관해서는 가능한 한 세심한 주의를 기울여 설명하였다고 생각하고 있지만, 그래도 아직 오해가 생길 가능성이 있다고도 생각하고 있습니다. 받아들이는 방법에 따라서는 위험한 측면도 있는 말입니다.

그 때문에 당초 편집자 분들이 책의 기획을 타진할 때, 이 책이 안 되는 이유를 들어 몇 번이나 거절을 했습니다. 그러나 편집자 미야지마 씨가 불굴의 정신으로 그러한 오해가 발생하지 않도록 세심한 주의를 기울여 기획을 재검토하여, 마지막에는 저도 더 이상 반론할 수 없는 곳까지 다시 고쳐왔습니다. 필자도 지금의 상황을 좋다고 생각하지 않았고, 다시 한번 검토한 기획이라면 분명 고민하고 있는 부모님이나 주위 사람에게 제대로 전달될 것이라 생각해 이 책이 세상에 나오게 되었습니다. 또한 이 책에서는 제가 지금까지의 연구·경험에서 얻은 지식이나 전략을 작가인 하라 씨가 정확한 문장으로 탄생시켜, 읽기 쉬운 내용으로 해주었습니다. 미야지마·하라 씨의 기여가 없었다면 이 책은 출간되지 못했다는 것도 덧붙여 전합니다.

육아는 외롭고 불안한 일입니다. 그것 때문에 고민이나 불안이 생기는 것은 아닙니다. 이것저것 고민하는 것도, 사소한 것으로 불안해지는 것도, 아이에 대한 애정이 크기 때문이겠죠. 임상 현장이나 학교에서 부모님의 상담을 몇 번이나 받아 왔습니다. 그곳에서 정보가 과다한 시대, 그리고 코로나 시대가 되어 더욱 부모님의 고민이 깊어진 것처럼 느끼고 있습니다.

정보가 넘치고 있는 요즘 시대에 정말로 중요한 '육아=뇌 육아', 아이에게 가장 중요한 것을 간과하고 싶지 않습니다. 그런 생각을 담아 이 책에는 육아 전반에 걸쳐 중요한 이야기도 정리하고 있습니다.

이 책의 내용은 수없이 많은 수정을 거쳐 지금의 형태가 되었습니다. 그러나 아직도 적합한 말이 충분하지 않아 오해를 줄 수 있는 위험도 있다고 생각하고 있습니다. 혹시라도 의문으로 생각되는 것이나 반론이 있을 경우에는, 꼭 신뢰할 수 있는 의료기관에서 상담해주시고, 전문가의 의견을 들어주세요(저자가 운영하는 '육아과학 엑시스'에서는 온라인에서의 체험·상담도 하고 있다. https://www.kk-axis.org/~옮긴이).

부모님이나 학교 선생님 등 아이와 관련되어 있는 주위 어른들 모두, 아이가 무럭무럭 자라기를 바랍니다. 그리고 자신의 손으로 미래를 여는 힘, 자립하는 힘을 길러주고 싶어 할 것입니다. 저도 진심으로 그렇게 생각하는 사람입니다.

자신의 힘을 믿고 넘어져도 다시 일어날 수 있는 어른이 되기 위해, 어려서부터 평생에 걸쳐 자신을 지킬 수 있는 튼튼한 뇌를 기르십시오. 그 길에 이 책이 도움이 되기를 바랍니다.

주요 참고도서·참고 페이지

『ネルソン小児科学　原著第 19 版』Robert M. Kliegman, MD,Bonita F. Stanton, MD, Joseph W. St. Geme III, MD,Nina F. Schor, MD, PhD,Richard E. Behrman, MD 著 / 衞藤義勝 監修 / エルゼビア・ジャパン

『胎児の世界―人類の生命記憶』三木成夫 著 / 中央公論新社

『DSM-5 精神疾患の分類と診断の手引』日本語版用語監修 日本精神神経学会／高橋三郎、大野裕 監訳／染矢俊幸、神庭重信、尾崎紀夫、三村將、村井俊哉 訳／医学書院

『令和 2 〜 3 年度　特別支援教育に関する調査の結果』文部科学省

『通常の学級に在籍する特別な教育的支援を必要とする児童生徒に関する調査結果（令和 4 年）について』文部科学省

『通常の学級に在籍する発達障害の可能性のある特別な教育的支援を必要とする児童生徒に関する調査結果について』文部科学省

『通常の学級に在籍する特別な教育的支援を必要とする児童生徒に関する全国実態調査』文部科学省

『平成 27 年版　子供・若者白書』内閣府

『令和元年国民健康・栄養調査報告』厚生労働省

『自閉症・自閉症スペクトラム障害の疫学研究の動向』土屋賢治、松本かおり、武井教使／脳と精神の医学 第 20 巻 第 4 号／ 2009

『5 歳児発達健診における発達障害の疫学』斉藤まなぶ、吉田恵心、坂本由唯、大里絢子、足立匡基、安田小響、栗林理人、中村和彦／日本生物学的精神医学会誌　27 巻 2 号／ 2016

『「発達障害」は学校から生まれる』井艸恵美 / 東洋経済オンライン（https://toyokeizai.net/category/developmental-disorder）

"Attention Deficit–Hyperactivity Disorder and Month of School Enrollment" Timothy J. Layton, Ph.D., Michael L. Barnett, M.D., Tanner R. Hicks, B.S., Anupam B. Jena, M.D., Ph.D., The NEW ENGLAND JOURNAL of MEDICINE, November 29,2018

"Racial and Ethnic Disparities in Parent-Reported Diagnosis of ADHD" National Survey of Children's Health (2003, 2007, and 2011)

Prevalence of autism-spectrum conditions : UK school-based population study. Baron-Cohen S, Scott FJ, Allison C, et al(2009) Br J Psychiatry, 194 : 500-509.

"Social communication skill attainment in babies born during the COVID-19 pandemic: a birth cohort study" Susan Byrne, Hailey Sledge, Ruth Franklin, Fiona Boland, Deirdre M Murray, Jonathan Hourihane, on behalf of the CORAL Studygroup, Byrne S, et al. Arch Dis Child 2022;0:1–5. doi:10.1136/archdischild-2021-323441,2022

Gender Data Portal 2021(https://www.oecd.org/gender/data/)

"Data & Statistics on Autism Spectrum Disorder" Centers for Disease Control and Prevention(https://www.cdc.gov/ncbddd/autism/data.html)

"Data and Statistics About ADHD" Centers for Disease Control and Prevention(https://www.cdc.gov/ncbddd/adhd/data.html)